日本語教師のための CEFR

奥村三菜子・櫻井直子・鈴木裕子 編

くろしお出版

はじめに

　言語とは何でしょうか。今朝、皆さんは朝起きてから何をしましたか。家族や隣人、同僚と話したり、ラジオを聞いて新聞を読んだり、コーヒーを飲みながらメールに返事をしたり、今日一日の予定を頭の中で考えるなど、私たちは、母語、外国語、それから方言、ネット言語などさまざまな言語・伝達方法を用いて活動をしています。言語は私たちの生活、思考を支える基盤であり、同時に、自分自身のアイデンティティをつくり上げていく重要な要素の一つと考えることができます。

　私たちは今、人の移動が活発になり、異文化に触れ合う機会が格段に増えているグローバル社会に生きています。欧州評議会（Council of Europe）は一人ひとりが自分の言語・文化に誇りを持ち、同時に隣人の言語・文化を尊重し、相互理解を深めていくための指針として、数十年の研究の成果に基づき、*Common European Framework of Reference for Languages: Learning, teaching, assessment*（以降、CEFR）を 2001 年に出版しました。CEFR は、言語教育に携わるすべての人たちが言語教育・言語学習を考える際に参照できるガイドラインです。その背景には、個人が幸福であることが国家を超えたコミュニティの発展につながっていくという考えがあります。

　CEFR の目指す言語教育は、教師も学習者も同じ言語使用者という立場で考えます。教師は学習者が自分の確固たるアイデンティティを構築し、同時に他者のアイデンティティを尊重できるように手を差し伸べます。そのためには CEFR が提唱する複言語・複文化主義の理念が不可欠であり、教師自身も複言語・複文化能力を身につけることを考える必要があります。今までの教育実践、例えば、コースデザイン、教室運営、学習者との関わり、評価などを、今一度じっくり考えてみましょう。CEFR は、新たなアイディアを実現する際の必要な情報を提供してくれます。さらに、国、指導言語、機関の異なる教師が、知見を共有する時にも共通言語として役立ちます。

　とはいうものの、CEFR は内容が一般的・抽象的でわかりにくく、具体的な実践につなげるには、敷居が高いという印象がぬぐえません。そこで

本書は、CEFRを参照して日々の教室活動、コース運営を進めていこうとする先生方のために、CEFRの理念と実践の橋渡しをすることを目的として執筆しました。

　本書が、皆様の言語教育の実践に何らかのヒントを与えることができれば筆者にとってこれほどの喜びはありません。一緒に明日の授業を考えていきましょう。

　本書は、ヨーロッパ日本語教師会が国際交流基金から助成を受け実施した、AJE-CEFRプロジェクト「CEFR10年、私たちは今何が必要か」の活動の中から生まれたものです。プロジェクトメンバーの協力や助言なしにはできあがりませんでした。また、たくさんの日本語の先生方にも助けていただきました。イラストは、日本語教師仲間の渋谷順子さんにすばらしい絵を描いていただきました。また、くろしお出版の坂本麻美さん、斉藤章明さんには数々の的確なアドバイスをいただき編集まで本当にお世話になりました。この場を借りて、皆様に心から御礼申し上げます。

2016年4月
AJE-CEFRプロジェクト　教師研修支援グループ
奥村三菜子
櫻井直子
鈴木裕子

目　次

はじめに i
本書の読み進め方 vi

第一部　理念編

第 1 章　CEFR の基本的な考え方 2

- **Q.1** CEFR は何の略ですか？ 2
- **Q.2** CEFR は、それに基づいて授業をしなければならないもの（スタンダード）ですか？ 5
- **Q.3** CEFR は言葉を教えるためのマニュアルですか？ 6
- **Q.4** CEFR の目的は何ですか？ 8
- **Q.5** CEFR はどのような言語観に基づいていますか？ 9
- **Q.6** 複言語主義と多言語主義の違いは何ですか？ 12
- **Q.7** 複言語主義によって教育目的はどう異なりますか？ 15
- **Q.8** 複文化主義というのは何ですか？ 17
- **Q.9** 複言語・複文化能力の特徴は何ですか？ 18
- **Q.10** 複言語能力と複文化能力を身につけることによって何が変わりますか？ 20
- **Q.11** CEFR に書いてある「部分的能力」とは何ですか？ 22
- **Q.12** CEFR の目指す教育は何ですか？ 23

　　　　〈振り返ってみましょう〉 25

第 2 章　CEFR が生まれた背景 27

- **Q.13** CEFR が生まれたヨーロッパはどんな地域ですか？ 27
- **Q.14** CEFR をつくった欧州評議会はどんな機関ですか？ 28
- **Q.15** CEFR をつくった「言語政策ユニット」の目的は何ですか？ 30
- **Q.16** CEFR はどのような経緯で生まれましたか？ 31

　　　　〈振り返ってみましょう〉 34

第3章　CEFRが目指す言語教育 ... 36

- **Q.17** CEFRが採用した「行動中心アプローチ」とは何ですか？ ... 36
- **Q.18** CEFRは学習者をどのように捉えていますか？ ... 39
- **Q.19** CEFRがいう「課題」とは何ですか？ ... 41
- **Q.20** CEFRがいう「ストラテジー」とは何ですか？ ... 44
- **Q.21** CEFRと自律学習・生涯教育はどうつながりますか？ ... 47
  - 〈振り返ってみましょう〉 ... 48

第4章　CEFRが考える言語能力 ... 51

- **Q.22** CEFRはレベルをどう分けていますか？ ... 51
- **Q.23** 「Can Do（〜ができる）」という表現で能力が記述されているのはなぜですか？ ... 54
- **Q.24** CEFRは学習者の能力として何を挙げていますか？ ... 56
- **Q.25** CEFRは言語活動をどう捉えていますか？ ... 61
- **Q.26** 例示的能力記述文（Can Do記述文）は全部でいくつありますか？　どんなものがありますか？ ... 63
- **Q.27** 課題とレベルは対応関係にありますか？　例えば、「自己紹介ができる」はAレベル、「プレゼンテーションができる」はCレベルですか？ ... 64
- **Q.28** 「いくつ漢字ができたら○○レベル」というような言い方はできますか？ ... 67
  - 〈振り返ってみましょう〉 ... 69

第5章　CEFRから教育実践へ ... 73

- **Q.29** CEFRを文脈化するとはどういうことですか？ ... 73
- **Q.30** 文脈化にはすでにどんな例がありますか？ ... 74
- **Q.31** 言語教育機関におけるCEFR文脈化の実践はどのようなものですか？ ... 76
- **Q.32** CEFRは教育実践の中でどのような役割を担っていますか？ ... 78
- **Q.33** Q.32の三角形の「目標」はCEFRの理念を反映させることによってどのように変わりますか？ ... 80

- **Q.34** Q.32 の三角形の「活動」は CEFR の理念を反映させることによってどのように変わりますか？ 82
- **Q.35** Q.32 の三角形の「評価」は CEFR の理念を反映させることによってどのように変わりますか？ 84
- **Q.36** CEFR 実践における教師の役割とは何ですか？ 86

〈振り返ってみましょう〉............ 88

〈振り返ってみましょう〉の解答 92
CEFR 理解度セルフチェック 102
CEFR グリッドリスト 104

第二部　実践編

CEFR 実践を考えるために 108

第 1 章　CEFR を参照した実践例 1：既存の教科書を用いた場合 .. 110

❶ 『みんなの日本語　初級』を使った実践例 111
❷ 『初級日本語　げんき』を使った実践例 117

第 2 章　CEFR を参照した実践例 2：課題別実践例 127

❶ 受容活動：読む「法務省の Web サイト」............ 128
❷ 受容活動：読む・異文化理解教育「漫画『ブリーチ』」............ 138
❸ 産出活動：書く・話す「私たちが見つけた関西」............ 146
❹ 相互行為活動：口頭のやり取り「日本語劇」............ 154
❺ 仲介活動：翻訳「キャンプ用テントの商品説明」............ 160
❻ 仲介活動：翻訳「社会参加としての翻訳」............ 168

おわりに 173
参考文献 174
索引 182

本書の読み進め方

　本書は第一部と第二部で成っています。

　第一部は、CEFRの理念・教育観・それらに基づいた言語教育についてQ＆A方式で書かれています。目次は、必要な箇所が検索しやすいようにQ＆AのQで示されていますので、どこからお読みいただいてもかまいません。日ごろ疑問に思っているQから読み始めてみてください。Qは筆者がCEFRに関する研修会で参加者からいただいた質問がもとになっています。実際に、研修会でお目にかかった先生方のお顔を思い浮かべながら執筆した箇所も多いです。各章末には〈振り返ってみましょう〉を設けました。自分の言語生活や授業に引きつけて、もう一度、章の内容を振り返りながら、質問に答えてみてください。なお、この〈振り返ってみましょう〉は、質問に答えることだけを目的としているのではなく、本書の内容を読み返しながら理解を深めることを最大の目的としています。同僚や仲間との意見交換のきっかけとして、また、勉強会の教材としても、ぜひご活用ください。また、CEFRの理解度を測るために、第一部の最後に〈CEFR理解度セルフチェック〉と〈CEFRグリッドリスト〉を、また巻末に〈索引〉をつけてありますので、それも併せてご活用ください。

　各Qの解説にはドイツ・ケルン在住のケラーさん一家と奥井やよい先生に登場してもらいました。ドイツ人のティムさん、妻の早苗さん、娘の香奈ちゃんの日常生活から、CEFRの理念・教育観を具体的に説明し、より身近に感じていただければと思います。また、やよい先生はティムさんの通う日本語学校の新米教師です。読者の皆さんの等身大のパートナーとして、ともに考えていきます。

　第二部は、CEFRを参照した日本語教育の教育実践例です。「CEFRを参照した実践例1：既存の教科書を用いた場合」「CEFRを参照した実践例2：課題別実践例」という2つの章から構成されています。ここに挙げているのはすべて、筆者が実際に行った活動で、具体的な活動内容、教案、教材、実践後のフィードバックなども含めて紹介しています。皆さんの授業実践の際に、アイディアを提供できればと考えています。

ティム・ケラー（43歳）
ドイツ人、ケルン生まれ
ケルンの自動車会社勤務
ドイツ語（母語）、日本語（A2/初級）、
英語（C1/上級）、フランス語（B1/中級）
オランダ語（母語から類推可能）

早苗・ケラー（39歳）
日本人、大阪生まれ、主婦
日本語（母語）、ドイツ語（A2〜B1/
初中級）、英語（B2〜C1/上級）、
トルコ語（A1）

犬のタロー

香奈・ケラー（14歳）
ケルン生まれ
ドイツ語（母語）、日本語（母語）、英語
（B1/中級）、フランス語（A1/挨拶程度）

奥井やよい（28歳）
日本人、福岡生まれ
日本語教師歴3年
日本語（母語）、英語（B1〜B2/中級）、
ドイツ語（A2〜B1/初中級）

　本書には CEFR からの引用が多く記載されていますが、引用箇所は CEFR の章立ての番号で示しています。CEFR は英語版 *Common European Framework of Reference for Languages: Learning, teaching, assessment* の略で、参照した CEFR は 2001 年発行の英語版[1]と 2004 年発行の日本語版[2]です。

1　Council of Europe.（2001）*Common European framework of reference for languages: Learning, teaching, assessment.* Cambridge University Press. <http://www.coe.int/t/dg4/linguistic/Source/Framework_EN.pdf>（2015 年 7 月 23 日）

2　吉島茂・大橋理枝他（訳・編）（2004）『外国語教育Ⅱ——外国語の学習、教授、評価のためのヨーロッパ共通参照枠——』朝日出版社．<http://www.dokkyo.net/~daf-kurs/library/CEFR_juhan.pdf>（2016 年 2 月 7 日）なお、日本語版 CEFR は 2014 年に「追補版」が発行されています（巻末の「参考文献」を参照）。

例：⇒参照　CEFR 3.1

Common European Framework of Reference for Languages: Learning, teaching, assessment の 3.1（第三章、第 1 節）を参照のこと

第一部 理念編

- 第1章 CEFRの基本的な考え方
  …Q.1～Q.12

- 第2章 CEFRが生まれた背景
  …Q.13～Q.16

- 第3章 CEFRが目指す言語教育
  …Q.17～Q.21

- 第4章 CEFRが考える言語能力
  …Q.22～Q.28

- 第5章 CEFRから教育実践へ
  …Q.29～Q.36

第1章
CEFRの基本的な考え方

Q.1 CEFRは何の略ですか？

A.1 CEFRとは *Common European Framework of Reference for Languages: Learning, teaching, assessment* の略称です。

　CEFRは、言語教育に関わる人（教師・学習者・教育行政関係者など）すべての人が言語学習・言語教育などに関して参照するためのガイドラインです。2001年に欧州評議会が出版し、英語版とフランス語版が同時に出ています。

英語版

フランス語版

　対象となる言語はヨーロッパで使われている／学ばれているすべての言語で、その中には日本語・中国語・アラビア語なども含まれます。CEFRはヨーロッパ言語のための本ではないかという質問を受けることがありますが、そうではありません。これによって、今までヨーロッパの言語教育の現場で、ヨーロッパ言語とは別のグループの言語として扱われることが

多かった非ヨーロッパ言語が、ヨーロッパ言語と肩を並べてレベル記述や指導項目が記述される契機となりました。それは、ヨーロッパにおける日本語教育の立場に好ましい状況をもたらしたといえます。

一方、CEFR は汎用的な内容を目指しているために、抽象的な記述が多く、読んでいて戸惑う場合も少なくありません。そこで、まず、皆さんに次の質問をしたいと思います。「皆さんは CEFR について、どんな疑問や不安や悩みを持っていますか。今、一番知りたいことは何ですか」。できるだけ具体的に考えてみましょう。

以下は、筆者がこれまで行った CEFR の研修会やワークショップの後に参加者にお願いしたアンケートからの抜粋です（参加者の記述をそのまま転載）。皆さんが考えたものと同じものがありますか。

表1　アンケート記述回答（抜粋）

(1)「CEFR 理解」に関する疑問	
理念に関するもの	目的達成のための行動主義を取るとしてもヨーロッパにおいて日本語による行動の目的を学習者は見出せるか。
レベルに関するもの	A1～C2 までのレベル設定が具体的にどう設定されているのかもっと明確に知りたい。学習者に CEFR の評価を理解させるのが難しい。
(2)「CEFR 実践」に関する疑問	
教室活動、教案、カリキュラム、教材に関するもの	CEFR を取り入れた授業のカリキュラムもさまざまあると思うが、具体的にどのようなものが生まれるか。教師の役割と負担などは従来の授業とどう違うのか。
評価、試験に関するもの	学習者に CEFR のレベルを用い、学習目標、到達目標を提示すること、実際の評価（試験等）との関連性を明らかにすることが難しい。
言語知識の位置づけに関するもの	読み書き Can Do において、漢字の習熟度をどのように考慮すればいいのか。
現状との兼ね合いに関するもの	自律学習、生涯学習という考え方はいいと思うが、それを学習者に理解させるのが難しい。

多くの先生方が日々 CEFR について抱えている疑問点には共通するものが多いようです。では、このような疑問にぶつかった時に CEFR はど

のように役に立つのでしょうか。問題を解決する手がかりは、CEFRのどこに書いてあるのでしょうか。手始めにCEFRの目次を見てみましょう。

第一章　Common European Framework of Reference for Languages: Learning, teaching, assessment の政治的および教育的背景
第二章　CEF の理論的背景
第三章　共通参照レベル（Common Reference Levels）
第四章　言語使用と言語使用者／学習者
第五章　言語使用者／学習者の能力
第六章　言語学習と言語教育
第七章　言語教育における課題とその役割
第八章　言語の多様性とカリキュラム
第九章　評価（Assessment）

　第一、二、三章は理念・レベル、第四、五章は学習者の言語活動と能力、第六、七、八章は言語指導、第九章は評価に関して書かれています。CEFRといえば言語能力レベルに注目されがちですが、実は大変幅広くさまざまな観点が取り上げられていることに気づきます。皆さんの疑問を解く手がかりはどの章にありそうですか。

　また、目次ではこの本の略称として「CEF」が用いられています。CEFとCEFRは全く同じものの略称です。当初は略称としてCEFが用いられていましたが、CEFRの目的があくまでも「参照（Reference）」であることを強調するため、ReferenceのRが略称に付け加えられることになり、現在はCEFRが略称となっています。なお、CEFRは日本語では「セファール」と呼ばれることが多いですが、略称の呼び方やカタカナ表記は文献等によってさまざまです。

> **Q.2** CEFRは、それに基づいて授業をしなければならないもの（スタンダード）ですか？

> **A.2** いいえ、あくまでリファレンス（Reference：参照するもの）です。

　CEFRはスタンダードではありません。スタンダードの辞書的意味は基準、標準、規格、規則、ルールです。しかし、CEFRの正式名称 *Common European Framework of Reference for Languages: Learning, teaching, assessment* の中に「スタンダード（Standard）」という言葉は見当たりません。

　リファレンスとスタンダードとの違いを比べるために、ALTE（Association of Language Testers in Europe）の背景や目的を見てみましょう。ALTEはヨーロッパにおける言語試験の標準化に取り組んでいる組織です。

　ドイツの東西の壁が崩壊した1989年以降、人的移動が促進され、教育や就職などに必要な外国語能力を評価するための公平かつ正確な評価基準が必要になりました。その評価基準を確立するためにALTEが設立され、今もスタンダード化に向けて国を越えて活動を続けています。この機関の目的は、「欧州内における言語テストのための共通スタンダードの確立である」と、Webサイトの冒頭にも明記されています。

　一方、CEFRをつくった欧州評議会の目的は、人権・民主主義・法の支配を守ることで、その理念に沿って、各国の文化・言語を認め、人々を守る活動を行っています。その活動は次の4点にまとめることができます。

・人権、あらゆる民主主義、および法の支配を守ること。
・ヨーロッパの文化的アイデンティティと多様性への気づきを促し、そのアイデンティティの発展を奨励すること。
・ヨーロッパ社会が直面しているさまざまな問題への解決策を見つけること。
・政治や法律などの改革に基づいたヨーロッパにおける民主主義の安定

を強固にすること。

　第二次世界大戦直後の 1949 年に設立された欧州評議会の目的は、欧州内における国家間の相互理解／異文化理解の促進にありました。その目的は現在に至るまで受け継がれ、外国語教育をヨーロッパの平和を維持するために重要な手段として位置づけています。

　さまざまな言語や文化を有する人々がともに生きていくためには、新たな共通言語（例：エスペラント語）をつくり出すという方法もあります。しかし、欧州評議会は、2007 年に *Guide for the Development of Language Education Policies in Europe* を公開し、ヨーロッパの言語教育政策では、「ヨーロッパは共通言語よりも共通の言語理念を必要としている」（同書 p. 31, 筆者邦訳）と述べています。さまざまな言語・文化が混在する社会において、自分の言語・文化に誇りを持ちながら他者の言語・文化も尊重することを促進する、言語教育のための指針であるといえます。このような目的でつくられた CEFR は、そうであるべき規範、つまりスタンダードではありません。

Q.3　CEFR は言葉を教えるためのマニュアルですか？

A.3　いいえ、マニュアルではありません。

　CEFR は、問題提起はしていますが、その答えは書いていません。そのことを CEFR では次のように述べています。「予めはっきりさせておきたいことが一つある。本書では、教育の現場関係者たちに何をすべきか、どうすべきかを指示しようとは考えていない、ということである。問題提起はするが、答えを提示することはしない」（p. xii）。つまり、CEFR のすべての記述は可能性への提案であって、こうであるべきだ、こうしなくて

はいけない、というものではありません。

そこで引用されることが多いCEFR第四章、第五章のグリッドと呼ばれる表に書かれているA1～C2のいわゆるCan Do記述文といわれる「例示的能力記述文（illustrative descriptors）」も、絶対的なものとして提示しておらず、これら尺度の解釈、またはこの尺度そのものをさらに発展させていくことを私たちに求め、そして、それに関する実践報告を歓迎すると述べています。

さらに、教授法についても、学習者が日常生活で必要な言語活動に応じて、教師はCEFRが提唱する行動中心アプローチだけではなく、さまざまな教授法（文法訳読法、オーディオ・リンガル法、コミュニカティブ・アプローチなど）を使いながら、授業を構築していけばいいのです。ただ、そこでCEFRは、なぜその教授法を選んだのか、どうしてこのような授業方法を採用したのかを、教師が自分自身にも学習者にもきちんと説明できることを求めています。「もし、教育の現場関係者の中に、自分たちが受け持つ学習者たちにとって適切な目標が、Council of Europeが他の所で提唱しているのとは違う方法でより効果的に達成できるとの信念がある人がいれば、その教授法について、およびそこで追求されている目標について、われわれだけでなく一般の人にも教えてくれるようにお願いしたい。そうすることで、複雑かつ多様な世界の言語教育について理解を深めることができるかもしれないし、また、活発な議論が起こるかもしれない」（CEFR 6.4）。

CEFRは非教条的（non-dogmatic）であり、唯一無二の単一システムを押しつけるものではありません。教師一人ひとりに、CEFRを鵜呑みにせず、学習者のニーズやレディネスを考えながら、よりよい実践へ向けて参照してほしいとしています。

さらに、CEFRはあらゆる言語使用場面を網羅したものではなく、実践においては学習者の言語使用状況に合わせて、そのつど教師が判断し、新たに創造していくことが必要であると述べ、私たちがさらに内容の充実を図ることを勧めています。

⇒参照　CEFR Notes for the user, 第四章、第五章、第六章

> **Q.4** CEFRの目的は何ですか?

> **A.4** 教師が自分の言語観・言語教育観を持ち、他の教師と知見を共有することを目的としています。

　CEFRは「ヨーロッパの言語教育のシラバス、カリキュラムのガイドライン、試験、教科書などの向上のために一般的基盤を与えることである」(CEFR, 1.1) と述べ、読者が自分自身の教育を考えるにあたって参考となる、あくまで一般的で根本をなす基盤を与えるという姿勢をとっています。さらに、すべての言語教育関係者が自分たちの状況に合わせ、自由にCEFRを活用することを期待しています。そして、次の2つをCEFRの目的として挙げています。1つ目は、教育全般（言語活動、言語学習プロセス、指導方法など）に関して内省を促すこと、2つ目は、自分の教育実践に関してお互いに伝えやすくすることです（CEFR, Notes for the user）。これらの目的を教師の視点から見ると、次のように解釈することが可能です。

　一つは、「教師が自分の言語教育観・ビリーフを持つこと」です。言語教育のコースを考える時も、明日の授業の準備をする時も、試験作成の際にも、自分が目的としていることは何か、そのために、学習者に何を教えるのか、どのように教えるのか、目的と評価は合っているのかなど、いつも内省しながら、自分の活動を進めていくことです。CEFRを参照することで、今まで経験として持っていた自分の教育信念を言葉で表せるようになり、それによって客観的に自分の教育実践に向き合うことができるようになります。

　もう一つは、「お互いの知見を共有するための共通言語を持つこと」です。CEFRを通して自分が考えたことを、CEFRから学んだ理念・教育観を共通言語として他の教師と意見交換をし、お互いに共有することです。CEFRは、教師同士の話し合い、さらに教師が学習者によりよく説明する

ことを求めています。

　実際に、ヨーロッパの言語教育機関では、CEFR の考え方やレベルを共通言語として、例えば、日本語とイタリア語の教師というように全く語種の異なる言語の教師が一緒に共通の口頭試験問題を作成するような機会も増えてきています。CEFR は、言語を超え、教師がともに言語教育に関して考えていくための参照となっているのです。

　さらに、注目すべき点は、CEFR が、読者に対して各章の節の終わりごとに「共通参照枠の利用者は次の点を考慮し、場合によって説明をしましょう」というように、いくつかの問いかけをしている点です。この答えは CEFR のどこにも書いてありません。教師が、個人／共同で教育を考えていくための 1 つの問題提起となります。

　一例を挙げると、「視覚的な受容活動（読むこと）」（CEFR 4.4.2.2）では、「何の目的で学習者は読む必要があるのか、読まなくてはならないか、または読むために何を身につけなければならないか」「どの方法で学習者は読みたいか、読む必要があるのか、読まなくてはならないか、または読むために何を身につけなければならないか」などが挙げられています。

⇒参照　CEFR 1.1

Q.5　CEFR はどのような言語観に基づいていますか？

A.5　「複言語主義」に基づいています。

　「複言語主義（plurilingualism）」とはどのようなものでしょうか。この言語観は、個人の持っている言語能力に焦点を当てています。一人の人間の中にはさまざまな特徴を持つ複数の言語能力が存在し、それらが相互に作用し合って、"その人の言葉" を築き上げていると考えられています。複数の言語能力の中には、母語のように四技能がバランスよく備わっ

ているものもあるでしょうし、旅行に便利な会話能力だけが備わっている言語もあります。また、自分の専門に関する本を読んだり論文を書いたりする能力は有しているけれども、話すことはできないというような言語もあるでしょう。レベルを見れば、初級レベルから中級、上級の言語能力もあります。CEFRはそれらの能力を「部分的能力（partial competence）」と呼んで、すべての部分的能力がコミュニケーション上の役割を担っているとしています。そして、この部分的能力はすべて同等の価値を持ち、個人の日常生活を豊かにしています。この能力をCEFRは「複言語能力（plurilingual competence）」と呼び、そこでは、母語と部分的な言語能力が、相互に関係し合いながら存在していると捉えています。従来の多言語主義に基づく、各言語能力が独立してバラバラに存在し、母語以外の言語能力は習得途中で不完全なものという捉え方とは対照的です。

　この観点から、日常生活に目を向けてみましょう。私たちは、実に多様な言語活動をしています。例えば、ヨーロッパに住んでいると、電車や車でちょっと走れば異なる言語を使用している地域に入り、仕事や買い物などさまざまな目的のためにいろいろな言語を使わざるをえません。例えば、家族とは母語で、店では地域の言葉で、隣人とは隣人の母語で話します。また、言語活動の多様性は、外国語を話すことに限りません。CEFRでは第五章の「5.2.2 社会言語能力」の項に、社会階級、出身地方、出身国、職業的集団などの言語差を認知する能力が必要であると書かれています。つまり、日本語でいえば、方言や位相語（性別、年齢、職業、上下関係などある特定の言語集団や場面で用いられる言語）が一つの言葉として考えられていることになります。例えば、同僚と共通語で一緒に話している時に、実家の親から電話がかかってくると方言で話し始めたり、公式行事で改まった言い方とくだけた言い方を使い分けたりします。このように、私たちは、さまざまな言語を使い分け、あらゆる場面で目的を持ったコミュニケーションをして生活しています。複言語主義とは、目的を持ったコミュニケーションを実現するために重要な役割を持つのが複言語能力であるとし、その能力の育成を言語教育の目的とする考え方であるといえます。

ケラーさん一家の場合

「複言語主義」について、さらに具体的に理解するために、ある家族に登場してもらいましょう。日本人の妻、ドイツ人の夫とその子どもからなるケラーさん一家です。

夫のティムさんと妻の早苗さんは大阪で出会い、結婚しました。その後ドイツに移り住み、娘の香奈ちゃんが生まれました。ティムさんと早苗さんは主に英語で、ティムさんと香奈ちゃんは主にドイツ語で、早苗さんと香奈ちゃんは主に日本語で話しています。ティムさんと早苗さんはそれぞれ日本語、ドイツ語を勉強しています。ティムさんも早苗さんも香奈ちゃんもすべての言語が同じようにできるわけではありませんが、自分が持っている言語能力を最大限に生かして生活しています。

早苗さんの例を見てみましょう。早苗さんの言語能力はすべての言語で等しくはありませんが、さまざまな言語を使ってコミュニケーションを図っています。日本語のネットニュースで読んだ内容であれば、ドイツ語のニュースをテレビで見る時に理解しやすくなるというように、言語間には関連があります。また、同じ日本語でも日本の両親には大阪弁を用いて話しています。

早苗さんの慌ただしい一日（5月20日火曜日）

いつ	どこで	誰と	どのように	何のため	何語で	何をしたか
朝	家	家族	対面	雑談	日本語 英語 ドイツ語	やり取り
朝	家	一人で	黙読	広告を読む	ドイツ語	読む
朝	市場	トルコ人	対面	買い物 値段交渉	トルコ語	やり取り
日中	家	一人で	インターネット	ニュースを読む	日本語	読む
日中	家	一人で	筆記	娘の早退届の記入	ドイツ語	書く
日中	友人宅	ドイツ在住の 日本人の友人	対面	バザーの打ち合わせ	日本語	やり取り
日中	玄関ホール	隣人	対面	週末のバーベキュー	ドイツ語 英語	やり取り
夜	家	家族と一緒に	テレビ	ニュースを見る	ドイツ語	見る、聞く
夜	家	両親	スカイプ		日本語 （大阪弁）	やり取り

このように、使う言語、方言、媒体などは、コミュニケーションの相手・目的・伝達方法など、場面に応じて異なっています。それは、相手への配慮、円滑な目的達成などを考慮して、言葉を使い分けているためです。

> **Q.6** 複言語主義と多言語主義の違いは何ですか？

> **A.6** 複言語主義とは複数の言語が相互に関連し合って補完的に存在しているという考え方です。一方、多言語主義は複数の言語がそれぞれ独立して存在しているという考え方です。

CEFRでは、「1.3 複言語主義とは何か」という節で複言語教育と多言語主義と対比して説明しています。多言語主義は、ある社会に複数の言語が横並びに共存していることだと述べています。例えば、駅名表示を一言語だけではなく複数の言語で示したり、教育カリキュラムに英語以外にも複数の外国語科目を増やしたり、国際会議で複数の言語の通訳がいることなどが挙げられます。そして、個人に関しては、母語、外国語、方言などの言語能力が独立して存在していると捉えており、その能力を多言語能力と考えます。

それに対して、複言語主義は、個人の言語活動・能力に注目しています。個人のコミュニケーション能力は学校で学ぶ知識だけでなく、あらゆる経験や思考によってつくり上げられるとしています。その言語体験は、個人的な家族の言語から社会の言語、そして他の民族の言語と広がっていき、常に、その言語が存在している文化体験と対になっています。そして、そこから得た言語知識、文化体験は、個人の中でバラバラに存在するのではなく、相互に関係を築き作用し合いながら存在し、活動の際には補完的な役割を果たしています。そうやってできあがった個人の言語能力をCEFRは複言語能力といっています。

早苗さんの場合

早苗さんは4つの言語ができますが、その言語能力を2つの言語観から捉えるとどのようになるのかイラストにしてみました。

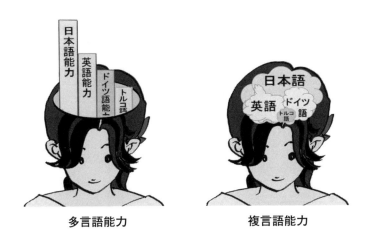

多言語能力　　　　　　複言語能力

このように多言語能力は言語間に相互作用がなく、一方、複言語能力は複数の言語が相互補完的な関係にあります。

香奈ちゃんの場合

さらに、香奈ちゃんの生活を見てみましょう。香奈ちゃんは今学校で、国語としてのドイツ語の他に、外国語として英語とフランス語を勉強しています。学校では国語の授業と外国語の授業のつながりはあまり重視されないことが多いようです。つまり、学校（教室）での学習において、多くの言語が学べる機会は与えられているものの、一つひとつの科目で線引きされ言語間の相互的なやり取り、補完的な役割の指導は行われていません。つまり、香奈ちゃんは多言語主義に基づく外国語の授業を学校で受け、言語能力を身につけています。

去年の夏、香奈ちゃんはオランダでの国際キャンプに参加する機会がありました。その時、香奈ちゃんは飲み水を汲みにいく役目でしたが、表示はオランダ語しかありませんでした。でも、オランダ語とドイツ語は同じ言語の

種類であるため、ドイツ語の知識（Trinkwasser）を用いてDrinkwaterがオランダ語で飲み水のことだと類推することができました。そこでは、フランスから来た子どももやはり飲み水を探していました。香奈ちゃんは、習いたてのフランス語でその子に飲み水の場所を説明して、ジェスチャーを交えながら話をしました。キャンプ場の炊事場、活動では、異なる国から参加した子どもたちが自分たちの言語能力を駆使してコミュニケーションをとっていて、これは複言語主義の状況ということができます。このように教室で学んだ言葉がさまざまな体験を通して香奈ちゃんの中で、複言語能力として熟成されていき、「香奈の言語」がつくり上げられていきます。

多言語主義の状態

複言語主義の状態

　香奈ちゃんの生活と同じように、多言語主義の状態も複言語主義の状態も私たちの身の回りに日常的にあることで、CEFRが新しくつくり出したわけではありません。CEFRは、これまで多言語主義という概念しかなかったところに複言語主義という新たな視点を加えることによって、私たちの社会および言語活動を複言語主義と多言語主義の状態に区別しました。そして、今まで省みられることが少なかった複言語主義に基づく活動に焦点を当てました。社会においてすべての言語の価値は同等であり、個人においてもすべての言語能力は同等の価値を持ちます。複言語的な視点を教育に取り入れ、その意識化を図ることによって、社会での相互理解の促進につながると考えています。

⇒参照　CEFR 1.3, 1.4, 6.1.3

> **Q.7** 複言語主義によって教育目的はどう異なりますか？

> **A.7** CEFRは複言語主義に基づく言語教育を提唱し、その目的は「理想的母語話者」を育てることから、社会で行動する自律した言語使用者を育てることになります。

　言語を多言語主義的な視点ではなく、複言語主義の観点に立って見ると、言語教育の目的も変わってきます。CEFRが目指す目的は従来の教育目的とどのように異なるのでしょうか。

　今までは、外国語学習の到達目標は母語話者のように話すことでした。そのため、言語教育では言語知識を持っていることや教科書通りに正しく話せることに焦点が置かれていました。皆さんが中学校・高校で外国語を学んだ時はどうでしたか。例えば、「英語ができる＝アメリカ人のようにぺらぺら話せる」と考えていなかったでしょうか。

　一方、複言語主義という言語観から見ると、外国語教育の到達目標は、母語話者のように話せることではありません。一人ひとりが「目的があるコミュニケーション（しなくてはいけないこと／したいこと）」を行うために、自分の中にあるすべての言語能力を使いこなす力（資質、技能、能力）を育てることに重点が置かれます。つまり言語運用能力を育てることが教育目的となります。このように考えると、言語知識を教えることは、もはや教育目標ではなくなり、言語知識の役割は、言語運用能力を支えるものとなります。

　その言語がどのぐらい上手かということと、社会の中で「やりたいこと」を達成するということは必ずしも等しいわけではありません。私たちが社会で言語を用いて生活するためには、その社会の文化的な知識や異文化適応能力も必要です。

　また、今までは、勉強は学校でするもの、先生から習うものというように考えられがちでしたが、言語学習の場が学校という枠から社会へと広が

り、日常生活での体験も含まれるようになります。言語学習は生涯を通しての学習となり、学習者には自分の学びに責任を持って自分で学んでいく（自律学習）能力も必要になります。

　したがって、言語教育では、言語を教えるだけでなく、「社会文化的能力」「異文化適応能力」「自律学習能力」の育成も重要課題となります。その際、教師は学習者一人ひとりに異なる経験、能力があることも念頭に置かなくてはいけません。

⇒参照　CEFR 1.3, 6.1.3

早苗さんの場合

　早苗さんの例を見てみましょう。早苗さんは今「新鮮でおいしい魚を市場でトルコ人から買いたい」と思っています。早苗さんのトルコ語の能力は決して高いものではありませんが、最近学び始めたトルコ語で買い物をすることにしました。

早苗：こんにちは。
店主：いらっしゃい。今日はサバがおすすめだよ。
早苗：えーっと、じゃあ3匹ください。

　一方、早苗さんは英語がトルコ語よりずっと上手で、英語の映画を楽しむこともできます。しかし、先週末のバーベキューパーティーで隣人たちと「一緒に料理をする」ことはできたものの、「楽しくおしゃべりする」ことはうまくできませんでした。その時の話題がたまたま一昔前のヨーロッパの歌謡曲

についてだったため、その知識を持ち合わせていなかった早苗さんは、その話題についていけなかったのです。

　言語活動をやりぬくことは、言語能力の高さだけで決まるのではなく、一般的な知識、場面、活動の内容、相手などによって、できるかどうかが変わってきます。つまり、言語能力が高い言語だけが活動に役に立ち、低い言語があまり役に立たないとばかりもいえないのです。

Q.8 複文化主義というのは何ですか？

A.8 自分の中にも他人の中にもさまざまな文化が存在し、そのことを互いに認め合うという考え方です。

　CEFRでは、言語は文化の中の一つの重要な要素であり、同時に、いろいろな文化の人たちと共存していくための不可欠な手段だと述べています。複文化主義（pluriculturalism）での文化能力は、複言語能力において複数の言語をバラバラに分けて考えないのと同じように（⇒Q.6参照）、文化を国別、地域別にバラバラに分けて考えることはしません。その人が体験してきたすべての文化的な事柄が混ざり合って、一人の人の豊かな文化能力がつくり上げられるという考え方です。そして、それぞれの文化能力は、無関係に並んでいるのではなく、お互いに比べ合い、活発に作用し合ってつくり出され、豊かになっていきます。複言語能力は、その複文化能力（pluricultural competence）の一つの構成要素で、他の要素と作用し合っています。そのような考え方を複文化主義といいます。

⇒参照　CEFR1.4

香奈ちゃんの場合
　香奈ちゃんは「自分は何人なんだろう？」と思うことがあります。ドイツ人の友達と遊ぶのも、日本でおばあちゃんやいとこに会うのも大好き。ドイツのパンも好きだけど、日本のご飯も好き。でも、ドイツ人の友達が遊びに

来た時に、土足のまま家の中に入ってくるのはどうしても好きになれません。また、日本のお正月に振り袖を着た話を友達にしてもあまり盛り上がらなかった時や、日本のドラマの話を一緒にできる友達がいない時など、不安で寂しい気持ちになることがあります。

　香奈ちゃんが、ドイツか日本のどちらか一つの文化に属さなければならない、でも、どちらにも属しきれない不安を抱えているなら、それは、多文化主義的な考え方といえます。一方、これを複文化主義的に考えると、いろいろな文化が混ざり合って、他の誰でもない香奈ちゃんという一人のアイデンティティがつくられていると考えることができます。香奈ちゃんの日本とドイツの文化・習慣の知識と実践能力、また早苗さんが日本語、ドイツ語、英語を話す時に、相手との身体距離、否定の仕方、笑うタイミングなどを状況に応じて選んでいることは複文化の能力といえます。

Q.9 複言語・複文化能力の特徴は何ですか？

A.9 CEFRは複言語能力を複文化能力の構成要素の一つとしています。そして両者は個人の中で常にお互いに作用し合っていると考え、その特徴として、「偏り（不均衡性）」と「多様性」の２つを挙げています。

　複言語能力と複文化能力は、各言語・文化の能力を単純に加算したもの

ではなく、組み合わせは個人によって異なります。また個人の能力の中で、ある言語・文化の占める割合も人によって違います。そして、言語活動の場では、相手・場面・状況に応じて、使い分けたり、選び取ったりしています。

　CEFRはこの2つの能力の特徴を2つ挙げています。

　1つ目の特徴は、能力の偏りです。偏りとは、さまざまな社会、文化と接している私たちの生活を考えてみれば、ごく当たり前のことです。皆さんが持っている母語、外国語、位相語などの能力にはどのような偏りがあるでしょうか。CEFRは次の3つの「偏り」を挙げています。

　1つ目は、母語が他の言語能力よりも優れているという偏り。

　2つ目は、1つの言語の中の技能に見られる偏り。

　3つ目は、言語能力と文化能力の偏り。

　このような偏りは、複言語・複文化能力がもともと変化し続けるものであることと深く関わっています。私たちは、生活で、仕事で、旅行で、読書で、新たな言語、文化に触れています。そして、それらすべての経験を通して私たちの複言語・複文化能力は変化していき、その結果、偏りが現れてきます。ですが、この偏りはその個人が不安定でバランスがとれていないことを示すものではありません。これらのプロセスは、自分のアイデンティティに他者的な言語・文化を取り込み自分自身の新たな能力が育成され、自分のアイデンティティが意識的に形成されていることの現れなのです。

　2つ目の特徴は、多様性です。複言語・複文化能力はさまざまな言語能力や文化的能力のことを「レパートリー」と名付け、複言語・複文化能力を構成する一つひとつの要素を指します。それらはお互いに使用可能な状態で存在しており、そのレパートリーには、さまざまな言語知識やストラテジーや社会言語能力も含まれています。そして、そのレパートリーを駆使して、話し相手に応じて言語を変えたり、相手の文化的側面を考慮した言葉遣いを用いたり、態度にも注意を払ったりしながら、臨機応変にコミュニケーションをとっていきます。CEFRでは次のように説明されています。ある個人が、外国語でその言語の母語話者と話している場合、言語

で表現しきれない部分を、相手への善意やジェスチャー、距離のとり方、陽気さなど、言語以外の要素を用いて補い、明るく振る舞うことがありますし、その同じ人が母語を使って話している時にはもっと控え目な態度をとることがあるかもしれません。また、言語活動の課題についていえば、自分のレパートリーでできる課題をするように考え直すこともあります。

⇒参照　CEFR 6.1.3

香奈ちゃんの場合

　香奈ちゃんの言語能力には次のような偏りがあります。香奈ちゃんは、ドイツ語も日本語も母語ですが、日本語よりドイツ語のほうが上手です。また、日本語については、読んだり書いたりすることより話したり聞いたりすることのほうが得意です。香奈ちゃんは、日本の漫画やアニメにとても詳しいですが、日本語だけで漫画を読むのは苦手です。

　多様性ということから香奈ちゃんの生活を見てみましょう。香奈ちゃんはドイツ語で話をするのが一番楽ですが、日本に住んでいるいとことは日本語で話をしています。そして、わからない言葉があったら、コンテクストから想像したり、場面をドイツに置き換えたりして推測しています。この間、いとこと学校の話をしている時、香奈ちゃんは「聴解」という単語を知らなかったので、"listening"と英語で言ってみたら通じました。このように、香奈ちゃんはすべての言語能力、ストラテジーを用いてコミュニケーションをしています。

Q.10 複言語能力と複文化能力を身につけることによって何が変わりますか？

A.10 言語とコミュニケーションの意識が高まり、メタ的な認識が高まります。

　各個人が複言語能力を高めると、私たちは全く学習経験のない「未知」の言語に出会った時も、すでに持っている言語能力を動員することで、理

解しようと試みることができるようになります。また、共通言語のない者同士の間を取り持って、両者のコミュニケーションの実現に貢献することもできるでしょう。さらに、わずかな知識しか持ち合わせていない言語を用いてコミュニケーションをとらなくてはいけない場面に遭遇しても、持ち合わせの言語知識、身振りなどを総動員して何とかコミュニケーションを図ろうとすることが可能になるのです。

　私たちは、コミュニケーションの場面や相手によって、言葉だけでなく、態度などを変えて、お互いに心地よい場をつくるように意識的に、また無意識的に行動します。このような活動は、複数の言語や文化と触れながら生活している人は誰でも行っているでしょう。この心の動きを「メタ的な認識」といいます。これによって、母語と外国語の言語構造の違いを認識したり、2つの外国語の共通性やそれぞれの特徴がわかったり、意味の類推などもできるようになります。また、相手によって、話す言語をすぐに切り替えたり、話し方を使い分けたりすることも上手になります。

　さらに、学習者の社会言語能力と言語運用能力が向上し、メタ認知的なストラテジーが発達します。例えば、今、誰と何語で話しているのかということに留意して、自分のコミュニケーションをコントロールできるようになります。その結果、社会の一員として主体的に生活することが可能になるのです。こういった経験の積み重ねが、その人の複言語・複文化能力をさらに高め、新たな学習への動機づけにもつながっていきます。

⇒参照　CEFR 6.1.3

㋕香奈ちゃんの場合

　フランス語を勉強している香奈ちゃんはイタリアンレストランに行った時に、イタリア語で書かれたメニューがだいたい理解できました。それはフランス語とイタリア語が同じ系統の言語だからです。オランダに旅行した時には、ドイツ語の知識から意味がわかることが多かったです。オランダ語とドイツ語も同じ系統の言語だからです。

　また、ショッピングをするのが大好きですが、ドイツ人の友達と出かける時と日本人の友達と出かける時では、服装やアクセサリーも変えるし、話し方を変える場合もあります。それは、友達といい関係を続けるためで、お互

いによい時間を共有したいからです。

Q.11 CEFRに書いてある「部分的能力」とは何ですか？

A.11 部分的能力とは複言語・複文化能力を構成する要素のことです。

　私たちの生活を複言語・複文化能力の視点で見ると、そこには「部分的能力（partial competence）」という概念が生まれます。私たちが持っている複数の言語能力は均一ではないので、各言語でできることは異なってきます（⇒ Q.9 参照）。ですが、まだ到達レベルの低い言語能力も、その言語でしかできない役割を持った機能的な能力です。その役割は生活の一部分だけに関係しているものかもしれませんが、その人の日常生活の中では重要な活動です（例：Q.7 の早苗さんのトルコ語能力）。つまり、どの言語能力もその人の複言語能力を豊かにする一つの構成要素として位置づけられます。これは言語学習の教育目的が各言語の理想的母語話者の育成ではなく、学習者一人ひとりの個性ある複言語能力の育成にあることと深く関係しています。つまり、部分的能力はまだ熟達度が低い役に立たない能力とみなされるのではなく、ある個人の言語能力をつくり上げ、言語活動の幅を広げる重要な能力の一つとみなされています。部分的能力は母語についても同様であると CEFR は述べています。Q.5 ですでに見たように、母語も、出身地や職業や上下関係などによって使用される言葉が異なり、多様性を持っています。ですから、母語、自国語であってもすべての言語種をマスターすることはできないので、母語もいわば部分的能力の一つということができます。

　部分的能力を積極的に認める言語教育について考えてみましょう。学習者や教育機関の目的によっては、例えば四技能が均等にできなくてもいいし、一つの技能だけで十分に言語能力として価値があると考えることもで

きます。さらに、CEFR では、知識と技能は言語間で浸透し影響し合うと考えています。ですから、部分的でしかない能力も、それ以上の要素であると考えられます。また、ある言語を学ぶことは同時に他のさまざまな言語についても多くを知ることになり、さらに他の言語を学べばこれらの知識が活性化されて、気づきが促されるとしています。このように、CEFR では部分的能力が重なり合って個人の総合的な能力が形成されると考えているのです。

⇒参照　CEFR 6.1.3, 6.1.4, 8.2.2

ケラーさん一家の場合

例えば、ティムさんは自分が専門である自動車のエンジンの図面であれば、日本語で書かれていても、専門知識を駆使して理解することができ、日本人のエンジニアとコミュニケーションをとることができます。

また、早苗さんはドイツ語のコースでのディスカッションの活動を通して、自分の意見がはっきりと述べられるようになりました。それで、日本語で話している時も以前より論理的に物事を考えられるようになりました。さらに、早苗さんはドイツ語の手紙を書く時に自分の英文レターの書き方の知識や技術を役立てています。このように、ある部分的能力を高めることは、その人が持っているすべての言語能力に肯定的に働きます。

Q.12 CEFR の目指す教育は何ですか？

A.12 外国語・異文化に接し、それらを自分の中に取り込んでいくことによって学習者の言語的・文化的アイデンティティが確立されることを目指しています。

複言語・複文化能力の向上は、言語・文化の多様性を尊重する心を育成することを意味します。ある一つの外国語のみを学ぶことは、ある一つの外国文化にだけ接することになり、ステレオタイプや先入観が強化される

ことが珍しくないと CEFR は述べています。一方、複数の言語を学び複数の文化に接して複言語・複文化能力を育成し、高めることは、教師にも学習者にも母語や母文化を超越した幅の広い視野をもたらし、民族中心主義をも克服しやすくなるといっています。その観点から考えれば、教育機関は、複言語・複文化能力を伸ばす必要があります。さらに、その能力の育成は、その個人に仕事などの可能性を広げるだけでなく、その個人にアイデンティティの確立をもたらし、その人の生き方・考え方にも大きく影響を及ぼすと考えることができます。それは、異文化を受け入れ新たな自己をつくり上げていくことを意味するからです。ヨーロッパに住むすべての市民が外国語や異文化に対して心を開くことで、欧州評議会が目指すヨーロッパ的文化アイデンティティの構築が実現されると考えているのです。

　外国語・異文化接触の経験は、上述のように、学習者がすでに持っている知識に新たな知識を加え、今までの知識を修正します。これらのことを通して、学習者は自分の外国語、異文化への態度や考え方を変化させていきますが、この変化は、言語活動だけではなく、学習能力の向上にも関連しています。そして、CEFR はその態度と考え方に影響を与える教育を「異文化的性格（inter-cultural personality）の育成」とし、この個性の発達が学習者の学習能力の向上にもつながると述べています。また CEFR は実践に際して倫理的・教育的に考えるべき点に言及しています。例えば、教育目的として個性の育成をいかに打ち出せるか、学習者の多様性と教育制度が課す制約をいかに両立するか、学習者の長所を伸ばし短所を克服するためにいかに指導するかなどです。

⇒参照　CEFR 5.1.3, 5.1.4, 6.1.3

香奈ちゃんの場合

　例えば、香奈ちゃんは、ドイツにいると、道を歩いている時に、アジア人を侮蔑するジェスチャーや言葉でからかわれたり、ボール遊びの時にボールを回してもらえなかったりという経験を小さい頃にしました。また、日本へ行けば、外国人のように思われ、英語で話しかけられることもあります。そのような経験から、香奈ちゃんは、同じような境遇の外国人の友達の気持ち

がわかるようになりました。そして、その子が仲間はずれにならないように気を遣い、どんなことを言ってあげたらいいのか自然に考えられるようになりました。複数の文化的環境の中で暮らすことを通して、言語・文化の多様性を尊重する心が育成されたのです。

 振り返ってみましょう

　次の場面は、A. 複言語・複文化、B. 多言語・多文化、どちらの考え方に関するものですか。

(1) （香奈ちゃんの初めての英語の授業で）英単語の意味を、日本語の外来語から類推して、次々と言い当て（例：トライ、ゲット、プールなど）ドイツ人の友達に「語彙姫」というあだ名を付けられた。［　　］

(2) 香奈ちゃんの家のテレビは、スポーツチャンネルでドイツ語、フランス語、英語が選べる。香奈ちゃんはいつも一番得意なドイツ語を選んで見ている。［　　］

(3) ケラーさん一家は日本に一時帰国した際に、国際交流フェスティバルに参加し、韓国料理、インドネシア料理、ベトナム料理、インド料理などの各国料理を食べることはできたが、新しい知り合いは作れなかった。［　　］

(4) 早苗さんはホームパーティーをする時には、必ずベジタリアンの料理を加えるようにしている。［　　］

(5) 早苗さんが中国に旅行に行った時、中国語はわからないが、漢字の意味から何の料理か推測できた。［　　］

(6) 香奈ちゃんは修学旅行でスペインのアンダルシア地方に行った時、ある地点から道路標示にアラビア語が加わり、パーキングエリアにお祈りのためのスペースがつくられていることに気がついた。先生に聞いてみたら、ヨーロッパ各国から車でモロッコに帰ろうとするモロッコ人のためのものだと教えてくれた。[　　]

(7) 早苗さんは、ドイツの歯医者で問診票を記入する時にわからない単語がいくつかあったものの、日本の歯医者の問診票と項目が似ていたので、その知識を使って、何とか問診票を記入することができた。[　　]

(8) ティムさんは、フランスの取引先との会議では自分の意見をはっきりと強く言うが、日本の取引先との会議では婉曲な表現を使ってやわらかく話すように努力している。[　　]

（→解答は p. 92）

第2章
CEFRが生まれた背景

Q.13 CEFRが生まれたヨーロッパはどんな地域ですか？

A.13 個人が生活するために異言語・異文化に接する必要が高い地域です。

　ヨーロッパは、陸続きなので電車や車で移動可能です。したがって、ちょっと出かけただけで、すぐに異なる言葉や文化に触れることになります。極端な例では、オランダにあるバールレ＝ナッサウ（Baarle-Nassau）という町にはベルギーの飛び地がたくさんあり、町中いたるところに国境があります。また、一つの国に公用語が複数ある国も珍しくなく、ベルギー、スイス、フィンランド、アイルランドなどでは複数言語での表示が義務づけられています。

左はベルギー、右はオランダ
（バールレ＝ナッサウ）

フランス語・オランダ語表示
（ブリュッセル南駅）

社会的に多言語であるだけではなく、個人個人も多言語・多文化の生活をしています。例えば、バーゼルという町を見てみましょう。スイスのドイツ語圏にある町で、フランス、ドイツと国境を接しています。そこに住む人々は、ビールを買いにドイツに出かけ、チーズを買いにフランスに出かけます。そして、出かけた先によって、ドイツ語とフランス語を使い分けています。電車の切符の買い方やドアの開閉など、ドイツとフランスでは習慣が異なることも多く、自分の持っている言語・文化の能力をうまく使い分けながら生活しています。

香奈ちゃんの場合

香奈ちゃんのクラスを例に考えてみましょう。香奈ちゃんのクラスには、ドイツ以外のヨーロッパの国の子ども、香奈ちゃんのように日本人の親を持つ子ども、中国人、トルコ人など、さまざまな文化背景の子どもたちがいます。どの子どもも、複数の言語・文化と向き合って、自分のアイデンティティを構築しながら成長しているといえます。

Q.14 CEFR をつくった欧州評議会はどんな機関ですか？

A.14 「人権、民主主義、および、法の支配」を保護し、二度にわたる大戦の苦い経験を踏まえ、さまざまな活動を通して、ヨーロッパ市民の相互理解のため国際社会の基準策定を進める機関です。

欧州評議会（Council of Europe）は、第二次世界大戦直後のヨーロッパに民主的で法的な地域を生み出すことを目指して 1949 年 5 月 5 日に 10 か国によって設立されました。本部はフランス・ストラスブール市におかれ、現在の加盟国は 47 か国で、すべての加盟国は人権・民主主義・法の支配を推進して

写真 1　欧州評議会の正面

いくために作成された「欧州人権条約」（1950 年ローマにて調印、1953 年発効）に署名しています。日本は 1996 年 11 月 20 日にオブザーバー国となっており、各種会合への出席、および条約の署名・批准などの活動に参加する資格を有しています。

　その基本的な目的は、「人権・民主主義・法の支配」の尊重を保障することによって、ヨーロッパ全体に民主的で法的な地域をつくり上げることにあります。人権・民主主義・法の支配は、寛容で文明化した社会の基礎であると同時に、ヨーロッパの安定、経済的発展、および社会統合に不可欠なものであるとし、二度とヨーロッパに戦争の惨禍を起こすことなく、ヨーロッパが平和的共存をし、発展してくことを願っています。そして、現代における共通の社会問題（例えば、テロリズム、サイバー犯罪、生命倫理学・クローンニング、女性や子どもに対する暴力など）の解決に取り組んでいます。また、その実現には加盟国間の協力しかないと考え、国を越えた国家間の協力、市民の相互理解の重要性を強調しています。現在は、オーストリア・グラーツ市に設立されたヨーロッパ現代語センター（European Center for Modern Languages）とともに政策の実施にあたっています。同じくストラスブール市には欧州人権裁判所があり、「欧州人権条約」の加盟国内での適用状況を監督しています。

　CEFR が作成された背景には、このような欧州評議会の考えがあります。欧州評議会は、言語教育を通して、「すべての言語の価値・文化の価値は同等であるという認識を育成し」、「他言語への障壁を減らし」、「異文化への違和感を解消するとともに」、「ヨーロッパ内での人の移動を円滑に

する」ことによって、ヨーロッパを一つの文化圏とすることに貢献しようとしています。これを実現するために CEFR がつくられ、その作成は現在「言語政策ユニット（Language Policy Unit）」と呼ばれている部門が行いました。

Q.15 CEFR をつくった「言語政策ユニット」の目的は何ですか？

A.15 複数の政府が共同でつくった言語政策の実現を支援することです。

　欧州評議会は、現代言語の分野における活動の目的を、文化・科学だけでなく、商業・産業においても、国際的な分野で共同活動できる力を授けること、より意味のある国際的なコミュニケーションの経験を通して人々のアイデンティティ・文化の多様性への理解が進み、お互いに尊重し合えるよう促進すること、さまざまな文化を維持すること、そのための教育制度を整えること、また適切なコミュニケーション手段を持たない人々が疎外されないことを挙げています。そして、これを実現しようとしているのが「言語政策ユニット（Language Policy Unit）」です。

　欧州評議会の多くの部門の中で、文化・言語に関しては1957年に設置された現代語部門（Modern Language Division）が担当し、CEFR プロジェクトもこの部門が行いました。この部門は2002年に言語政策部門（Language Policy Division）と名称を改め、2012年からは現在の言語政策ユニットとなっています。

　この言語政策ユニットは、「複言語主義」「言語的多様性」「相互理解」「民主的市民権」「社会的結束」という5つのキーワードに基づく言語政策の実現のための活動を行っています。この活動を通して、ヨーロッパ市民としてのアイデンティティの構築を目指し、ヨーロッパ市民の異文化理解、就労、生涯学習などを支援することを目的としています。

CEFRは、原本は英語版とフランス語版でしたが、現時点（2015年2月）では、以下の39言語に翻訳されています[1]。

> アラビア語、アルバニア語、アルメニア語、バスク語、ブルガリア語、カタルニア語、中国語、クロアチア語、チェコ語、デンマーク語、オランダ語、英語、エスペラント語、エストニア語、フィンランド語、フランス語、フリウリ語、ガリシア語、グルジア語、ドイツ語、ギリシャ語、ハンガリー語、イタリア語、日本語、朝鮮語、リトアニア語、マケドニア語、モルドバ語、ノルウェー語、ポーランド語、ポルトガル語、ロシア語、セルビア語、スロバキア語、スロベニア語、スペイン語、スウェーデン語、トルコ語、ウクライナ語

翻訳の中には、バスク語など主にその地域のみで使用されている言語も含まれています。そこに、言語・文化の多様性を認め、お互いを尊重する人材を育成するという活動目的がうかがえます。

⇒参照　CEFR 1.2

Q.16 CEFRはどのような経緯で生まれましたか？

A.16 1991年にルシュリコン・シンポジウムで提言され、10年の研究を経て生まれました。

　CEFRの誕生の流れを次ページの年表で見ていきましょう。
　1949年に設立された欧州評議会は、ヨーロッパに住む人々がヨーロッパ市民として相互に理解し合うためには、これまでの国語と古典語（ラテン語・ギリシャ語）中心の言語教育だけでは不十分であり、お互いに加盟

1　Education and Languages, Language Policy（Council of Europe）<http://www.coe.int/t/dg4/linguistic/Cadre1_en.asp>（2015年2月20日）

国の言語（language）・文化（culture）・文明（civilization）を理解することが大切だと認識しました。

表2　CEFR出版までの流れ

1949年	欧州評議会設立
1957年	現代語部門設立： 　古典語教育偏重主義を改め、外国語・異文化理解教育を推進するため。
1971年	ルシュリコン・シンポジウム： 　より実用的な成人向け言語教育へ。
1975年	Threshold Level（van Ek, 1975）Tレベル　出版： 　成人が英語で日常生活を送る際に必要なレベルを示した概念シラバス・機能シラバス。 　言語を日常生活のコミュニケーションの伝達手段として捉える。 　具体的な場面で目的のあるコミュニケーションをするためにどう言語を使用したら適切かを示す。 　現在のCEFR B1レベルにあたる。
1977年	Waystage出版（van Ek, Jan, Alexander, L.G., 1977）出版： 　Tレベルより基本的なレベルを示す概念シラバス・機能シラバス。 　現在のCEFR A2レベルにあたる。
1991年	ルシュリコン・シンポジウム：CEFR作成の提言
1993-96年	スイス研究プロジェクト委員会発定・活動： 　例示的能力記述文（illustrative descriptors）の収集と厳選。 　ヨーロッパ言語ポートフォリオ（ELP）の原型作成。
1996年	CEFR試行版（初版）
1998年	CEFR改訂版
2001年	CEFR一般公開　英語版・フランス語版出版

そこで、そのための言語学習を推進するために、その後CEFRを作成することになる「現代語部門」を1957年に設立しました。1971年にはスイスのルシュリコン（Rüschlikon）でシンポジウムが行われました。このシンポジウムの目的は、成人向けの言語教育をより具体的な場面での言語活動につなげることでした。このシンポジウムの成果は1975年にThreshold Levelとして出版され、ある具体的な場面（概念）で目的のあるコミュニケーション（機能）を行うために、どのような言語語彙・表

現・文型が必要であるかを詳細に記述しました。これは、言語機能を文型で記述し、その実現に必要な概念を示すという概念シラバス・機能シラバスです。このレベルは CEFR では B1 レベルにあたります。

　こののち、「現代語プロジェクト」が実施され、この考え方が成人教育から、学校・職業・移民教育へと広がっていきました。そして、Threshold より下のレベル（CEFR　A2 レベル）を同じ考え方で記述した Waystage が 1977 年に出版され、その後、A1 レベルにあたる Breakthrough、B2 にあたる Vantage が開発されていきます。

　しかし、言語を越え、国を越えてこの考え方を普及するには、各国間の教育制度の相違が障害となっていきました。

　1971 年のシンポジウムからちょうど 20 年目の 1991 年に、同じスイスのルシュリコンで政府間シンポジウムが開かれました。そこで、Transparency and Coherence in Language Learning in Europe: Objectives, Evaluation, Certification（欧州における言語学習の透明性と一貫性：目的、評価、認定）に関して触れられました。その中で、言語学習教育の強化が、より効果的な国際間コミュニケーションに必要であることが確認され、CEFR の作成が提言されました。その背景には、(1) 現在の社会において、コミュニケーションが国際的になり情報の入手や人との交流に外国語や異文化の知識が不可欠な社会になったこと、(2) そこで、人々は言語を生涯にわたって学び続けることが求められていること、(3) そして、加盟国は支援するための枠組みをすべてのレベルで学習用・教育用に整備する必要があると考えられたことの 3 点が挙げられます。このような経緯を経て、1996 年に初版、2001 年に現在の形の CEFR 英語版・フランス語版が出版されました。

　　　　　　　　　　　　　　　　　　　⇒参照　CEFR1.4, 3.2

振り返ってみましょう

【CEFR クイズに挑戦！】

　このクイズの答えは、CEFR を理解する上で欠かせない知識です。覚えているようで意外と勘違いしていることもあります。確かめてみましょう。わからないところは、本書第一部の第 1 章と第 2 章を見直しましょう。

A. 正しいものを選んでください。

⑴　CEFR は何の略ですか。
　　（　）Common Framework of Reference for European Languages
　　（　）Common European Framework of Reference for Languages
　　（　）Common European Framework of Reference for European Languages

⑵　CEFR を作成したのは何という機関ですか。
　　（　）欧州連合
　　（　）欧州委員会
　　（　）欧州評議会
　　（　）欧州協議会

⑶　CEFR が一般公開されたのはいつですか。
　　（　）1999 年
　　（　）2000 年
　　（　）2001 年
　　（　）2002 年

B. 第 3 章へと進むための準備です。下の質問に答えながら、第 1 章、第 2 章を振り返ってみましょう。

⑴　CEFR をつくった機関が目指していることは何ですか。

(2) CEFR は、当初 CEF と呼ばれていましたが、なぜ"R"が付けられるようになりましたか。

(3) CEFR は何という言語観に基づいていますか。

(4) その言語観は多言語主義とどう異なりますか。

(5) その言語観に基づく能力は何といいますか。

(6) 自分の中にいろいろな文化のレパートリーを持っていて、必要に応じて駆使できる能力を何といいますか。

(7) 個人の能力を構成している一つひとつのレパートリーのことを何といいますか。

(→解答は p. 92)

第3章

CEFR が目指す言語教育

> **Q.17** CEFR が採用した「行動中心アプローチ」とは何ですか？

> **A.17** 「行動中心アプローチ」とは文字通り、人間の「行動を中心」とした視点で言語教育を行おうとする考え方です。

「行動中心アプローチ（action-oriented approach）」は、学習項目の設定にも、教室活動の方法にも、評価にも、私たち人間が実際に行っている言語活動をありのままに反映させようとする考え方です。行動を行うのは言語使用者（学習者）本人ですから、授業は当然、学習者の言語行動を中心に考えていくこととなります。やよい先生と一緒にコミュニカティブ・アプローチと対比しながら行動中心アプローチについて考えていきましょう。

やよい先生の場合

ティムさんの日本語の先生・奥井やよい先生は、明日の授業について考えています。

えーっと、ティムさんたちのクラスは「数」と「日にち、時間、曜日」が言えて、この前の授業で「〜ませんか」の練習をしたから…、そうだ！ イベントに誘ったり誘われたりする課題がいいかも！

このやよい先生の考え方は、次のイラストのように示すことができま

す。つまり、さまざまな言語知識（文型・語彙・文字など）を使ってできそうなコミュニカティブな活動を考えた結果、「誘う・誘われる」という教室活動を思いついたということです。このような手順で教室活動を考えた経験は、日本語教師なら誰しもあることと思います。

コミュニカティブ・アプローチから考える教案

　この考え方は、コミュニカティブ・アプローチに基づく授業構築です。このアプローチは1971年にスイスのルシュリコン（Rüschlikon）で行われた成人向け言語教育に関するシンポジウムがきっかけとなり、研究が進められたものです（⇒Q.16参照）。言語の「構造」だけに着目するのではなく、発話行為の「機能」にも注目しています。機能シラバスを内包するコミュニカティブ・アプローチは「言葉が使用される場面や機能」を重視するもので、教師は機能に基づいてカリキュラムデザインをし、その機能に必要な文型を導入、練習し、その機能が使用される場面を想定しながら教室活動が組み立てられていきます。現場の実践では、文型シラバスに基づいて先に用意された「教えるべき事項」をコミュニカティブに再構成するという作業が多く行われているようです。まさに、やよい先生が行おう

としている実践と同じ方法です。

　しかし、私たちは、日常生活で文型、語彙、文字などの言語知識が準備されてから、活動（課題）を行っているのではありません。まず「やりたい／やるべき」活動（課題）が先にあり、そのために必要なものを選び取りながら言語活動を行っています。

　行動中心アプローチでは、まず「何をするか」から出発し、「何のために言語を使うか」「言語を使って何ができるか」ということを考えていきます。ですから、「教えるべき事柄」を教師が前もって用意するのではなく、学習者自身が活動（課題）の達成に必要なものを選び取っていくという考え方が基本となります。このプロセスを示すと、以下のイラストのようになります。

行動中心アプローチから考える教案

　複言語主義を背景とする行動中心アプローチにおける言語学習の目的は、言語知識を得ること、発話行為を行うことではなく、その人の目的を

持った広い意味の言語活動をやり遂げられるようになることです。ですから学習者は、自分自身が成し遂げたい言語活動をよりよく行うために、授業を通して新しい言語知識や情報を獲得していくこととなります。「どれぐらい言語知識を持っているか」ということよりも、言語を使って「何ができるか」が重要視される考え方こそが、行動中心アプローチの本質なのです。

また、この考え方に基づくと、自分が成し遂げたい言語行動が達成できたかどうかは、言語使用者の行動目的や場面や相手によって異なってきます。例えば、友達のパーティーで初めて出会った人と軽く挨拶を交わす場合と、企業間で綿密な商談を成立させる場合とでは、求められる言語の適切さは異なるでしょう。また、アパートの隣人に小包の受け取りを頼むのと、結婚したい相手にプロポーズをするのとでは、「お願いする」という同じ活動（課題）でも語彙や表現や話し方に違いが生じるでしょう。つまり、求められる言語知識の量や正確さは、その人が達成しようとしている活動によって異なるわけです。

このように、行動中心アプローチでは、私たち人間が実際に行う言語行動が軸となります。ですから、例えば文法事項や文字が「易しいか難しいか」、あるいは「易しいものから難しいものへ」という視点で指導を行うのではなく、学習者が達成したい行動に必要となる知識や情報を必要に応じて提供していくことが重要になります。つまり、授業のあらゆる面において、人間の「実際の行動」を反映させた授業展開が求められるのです。

⇒参照　CEFR 2.1

Q.18　CEFRは学習者をどのように捉えていますか？

A.18　「社会で行動する者」と捉えています。

CEFRは、言語学習者のことを母語話者と分けて考えず、「社会で行動

する者（social agents）」という視点で捉えています。ですから初級学習者も上級学習者も、そして教師も同じ言語使用者であると考えています。初級学習者であっても、学習言語を使ってできることはたくさんあります。確かに、言葉が十分に使えないと、社会生活を送る上で不便なことが多いかもしれません。しかし、必要に応じて、これまでの言語知識やこれまでの経験を駆使し、自分のしたいことを達成することは可能です。授業も「社会で行動する者（social agents）」が参加する社会活動の一つで、学習者と教師がともに協力し合っている場です。その場にいるすべての人々は主体的であり、自分自身の行動に責任を持っています。そして、自己管理をしながら、社会文化的な情報を共有し、互いに学び合っています。

やよい先生の場合

やよい先生がティムさんの授業中の様子について考えています。

ティムさんは、文法は苦手ですが、グループ活動の時には次々にアイディアを出したり、グループメンバーの意見をうまく調整したりしてくれるので、ティムさんがいるグループはいつも楽しそうに活動を行っていて、よい成果（発表や作文など）も生み出しています。つまり、ティムさんは「社会で行動する者（social agent）」として、「グループで一つの成果物をつくる」という目的（社会的な活動）の達成に大きく貢献しているのです。

⇒参照　CEFR 2.1

> **Q.19** CEFR がいう「課題」とは何ですか?

> **A.19** ある個人が、何かを実現したい時／する必要がある時に、その結果を得るために行う目的を持った行為のことです。

　CEFR では「課題（tasks）」のことを、「日常生活における目的のある活動すべてを課題と定義する」といっています。例えば、引っ越しをしたい時に、引っ越し業者を探したり、梱包をしたり、タンスを運んだり、手伝ってくれる人に指示をしたりといったすべての活動は、引っ越しを実現するために必要な活動で、一つひとつが目的を持っています。引っ越し業者を探すのは、妥当な値段で安全に引っ越しを実現するためですし、梱包をするのも引っ越しを実現するために必要な行為です。Q.17 で解説した行動中心アプローチでは、言語使用者（母語話者も学習者も含む）を Q.18 で示したように「社会で行動する者（social agents）」として捉えています。その観点から考えると、私たちの生活は課題を積み重ねていくことによって成り立っているともいえます。

　この行動中心の考え方から言語教育を見ると、言語教育の目的は課題遂行ができる力（課題遂行能力）を育成することといえます。そこで、授業は課題によって組み立てられます。Q.17 の 2 つ目のイラスト「行動中心アプローチから考える教案」を見てください。授業は課題が積み上がってできています。そして、その構造は階層をなしています。まず一番大きい課題があり、その上に一番大きい課題を実現するためのタスクがあり、その課題を実現するための小さい課題があるといった形です。このような授業活動に参加することは、学習言語を用いて日常の言語行動を体験、あるいは再現することになり、学習者の動機づけにもつながっていきます。このような視点が授業を考えるにあたって、とても重要な要素となります。

　現実的な課題のためにはどの場面で活動するのかを考える必要もあります。CEFR ではこの活動領域（domains）を「私的領域（personal domain)」「公的領域（public domain)」「職業領域（occupational domain)」「教育領域（educational domain)」の4つに分けています。例えば、Q.17の教室活動「イベントについて、相談・計画することができる」では、次のように考えられます。

- 家族の誕生日パーティーを計画する【私的領域】
- 公共スペースでのフリーマーケット開催の計画を立てる【公的領域】
- 国際会議の計画を立てる【職業領域】
- 卒業パーティーの計画を立てる【教育領域】

　CEFR は教室での課題を現実性の観点から2つの部分に分けています。1つは「実生活（real-life)」「具体的な目的（target)」「リハーサル（rehearsal)」を念頭に置いた課題で、それらは学習者の日常生活での必要性から選ばれています。もう1つは「教育的な」課題で、この活動を学習言語で行うことは学習者にとって非現実的であり、そのことを学習者も認識していながら、学習活動として行うものです。これらは、学習者の実生活の課題や必要性とは間接的にのみ関連しています。前者は社会参加を促進するための課題で、後者は学習者の言語能力を伸ばすための課題です。

やよい先生の場合

　やよい先生が Q.17 で取り組んでいる「イベントについて、相談・計画することができる」という課題を考えた時、この課題を実生活において日本語で行う必要性のある学習者と、その必要性はないが日本語学習の一環として行う学習者がいるはずです。また、この課題を達成するための課題についても、「イベントの日時を決めることができる」といった課題は実生活の課題として考えられますが、「日本語で日にちをいうことができる」といった課題は言語学習の色合いが濃いものとなります。

　ここで大切なのは、どちらの課題であっても、コミュニケーションを実

現するための課題であるということです。そして、コミュニケーションを目的とする課題を教室で行う際に、教師が気をつけなければならないことは、学習者がその課題の意味、目的、それによって、学習者が得られる成果をはっきり認識していることです。それを事前に理解していることで学習者の動機が高まり、効率のよいストラテジーの使用などのメタ的な能力の向上も期待することができます。また、この実生活に即した課題と、教育上の課題をバランスよくコースの中に配列することも重要です。それによって、課題遂行能力の育成と、言語知識の指導の両方を行うことができ、その進み具合を適宜、確認することができるからです。

やよい先生の場合

やよい先生はQ.17で考えた授業について、次のように考えています。

　一番大きい課題は「イベントについて、相談・計画することができる」にしよう。活動領域は私的領域にして、今度の週末にみんなで何をするかを考えようかな。そして、その次に誘ったり、誘われたりすることができなくちゃ。それをするにはイベントの日時・場所が決められなくてはいけないから、そのための語彙や表現が必要ね。

　やよい先生は授業の教材をつくるために課題をもっと具体的にしていかなければと思いました。場合によっては待遇表現や若者言葉が必要になるかもしれません。そこで、より現実的な課題をつくるために、学習者が日常的にどんな場面で日本語を使用する必要があるのかを調べてみることにしました。そのために学習者へのアンケートの実施を考えています。今まで知らなかった学習者の日常が発見できるかもしれません。

⇒参照　CEFR 2.1, 4.1.2（Table 5）, 7.1

Q.20 CEFRがいう「ストラテジー」とは何ですか？

A.20 よりうまく課題を達成するために行うさまざまな工夫のことです。

　私たちは日ごろから課題を達成するために、言語を正確に使用するだけではなく、他にもさまざまな工夫を行っています。これらの工夫のことをCEFRでは「ストラテジー（strategies）」と呼び、このストラテジーが課題の達成を大きく左右すると述べています。さらにCEFRは、このコミュニケーション・ストラテジーを操る能力があるかどうかが、言語学習の進歩を最もはっきり示すものであるといい、そのため、この能力が言語能力を測定するための重要な尺度になるといっています。CEFRでは、例えば次のようなストラテジーの例を示しています。

- 事前計画（Pre-planning）
- 実行（Execution）
- モニタリング（Monitoring）
- 修正行動（Repair Action）

⇒参照　CEFR 4.4, 4.5

　CEFRがストラテジーの重要性として指摘している大切なポイントは、コミュニケーションの失敗が必ずしも言語の不完全さのみによるものではないということです。つまり、母語話者であっても、ストラテジーを誤れば、課題遂行を失敗することがあるということです。

やよい先生の場合

　やよい先生のところに届いた2つのメールを見てみましょう。1つはティムさんから、もう1つはやよい先生の学生時代の後輩から届いたものです。

〈ティムさんからのメール〉

奥井先生

お元気でいらっしゃいますか。
私はティムです。私は12月に日本語能力試験をするものですから、今たくさん勉強をします。
お忙しいところすみませんが、お願いがあるんです。申し訳ないですが、来週、先生のオフィスに来て、試験の本を貸していただけませんか。
お手数をおかけしますが、よろしくお願いします。
お返事を待ちしています。
では、お元気で。

ティム・ケラー

〈大学の後輩からのメール〉

奥井先輩

お久しぶりです。大学の時にサークルでお世話になった山口美夏です。
5年ぶりですね。お元気ですか？
実は、来月結婚します！！
で、突然ですが、結婚式のスピーチをお願いできませんかぁ～？
身内ばっかりの気楽な式なので、あまり真面目なのじゃなくて OK です。
とりあえず、今週中にお返事ください。
奥井先輩が無理なら、他の先輩にお願いしたいので…。
ではでは！

幸せいっぱいの美夏より♪

　ティムさんのメールにはいくつか日本語表現の誤りが見られますが、さまざまな表現を適切に用いることによって、メールを受け取ったやよい先生に好印象を与えることに成功しました。おかげで、ティムさんは無事やよい先生から試験対策の本を借りることに成功しました。彼の目的は達成されたわけです。
　一方、後輩からのメールには日本語の文法的な誤りはありませんが、これ

を読んだやよい先生は気分を害してしまいました。5年間音信不通だった後輩から、やよい先生の現状や都合を考慮せずに、一方的にスピーチを依頼され、その上、返事を急かされたためです。やよい先生はこの依頼を断りました。つまり、この後輩は目的が達成できなかったということになります。

　ティムさんのメールは、たとえ言語的な誤りがあっても、適切なストラテジーを用いることができれば、その誤り自体は課題遂行を失敗に導く要因にはならないということを示しています。一方、後輩のメールは、言語的に完全であったとしても、適切なストラテジーが用いられなかった場合には、課題遂行が失敗に終わる可能性を示しています。

　ここで、誤り（errors）と間違い（mistakes）についてCEFRではどのように説明しているか見てみましょう。ティムさんのメールにあるような言語的な失敗のことを「errors」とし、これは母語の干渉などで生じる中間言語（interlanguage）的な要因によるもので、学習のプロセスで避けられないものとしています。また、後輩のメールのような失敗のことは「mistakes」として、その要因を「自分の能力（competences）を行動（action）へと適切に移せない」ことにあると述べ、mistakesは母語話者にも起こりうるものであるといっています。また、CEFRでは、誤り・間違いはその学習者が失敗を恐れずに学習言語でコミュニケーションを試みようとしている姿勢の証拠でもあると述べています。教師は、学習者の誤り・間違いの原因を分析的に捉えて、指導を考えていく必要性を示唆しているといえます。

⇒参照　CEFR 6.5

　さらに、CEFRでは「学習能力（ability to learn）」を、過去の経験と新しい経験とを学習者自らが結びつけながら学んでいく力とみなしています。ですから、行動中心アプローチでは、言語習得はerrorsを自力で修正しようとするプロセスにおいて起こると考えられています。このことは私たちがCEFRに基づく授業実践や評価を行う上でも非常に大切な観点であるといえるでしょう。

⇒参照　CEFR 5.1.4

第3章　CEFRが目指す言語教育 | 47

Q.21 CEFRと自律学習・生涯教育はどうつながりますか？

A.21 CEFRでは言語学習を教室だけにとどまらない生涯にわたる学びと考えています。そのためには自律的な学びが必要です。

　CEFRでは学習者だけでなく、教師を含むすべての人を言語使用者であり、「社会で行動する者（social agents）」とみなしています。そして、学校での言語学習は私たちの言語活動の一部分であり、言語は学校だけでなく日常生活のすべての経験を通して学んでいくものといっています。つまり、学習者は自分自身で学びを設計し、責任を持って実行していかなくてはなりません。そのために必要となるのが、「自律」的な学びを「生涯」にわたって続けることのできる能力なのです。一人ひとりの経験は異なりますし、学ぶ方法もそれぞれ違うでしょう。自分に合った方法で自分のリズムで学び続けることが大切です。壁にぶつかった時に客観的に自分の学びを内省し、解決策を見つけていく能力である自律学習能力は、多様な言語・文化を持つ市民が自分の文化に誇りを持ちつつ、お互いに個性を尊重し合い、責任を持って社会に参加し続けるために欠かせないものなのです。

やよい先生の場合

　ティムさんとやよい先生の会話を聞いてみましょう。

ティム：	やよい先生、仕事が忙しいんです。次のコースに来られません。
やよい：	そうですか。残念ですね。
ティム：	でも、日本語の勉強は続けたいです…。
やよい：	ティムさん、教室で勉強するだけが日本語の勉強じゃないんですよ。香奈ちゃんと日本語で話したり、日本のドラマを見たり

> するのも勉強だと思います。
> ティム：そうですね。日本語の勉強、続けてみます。
> やよい：時間ができたら、また教室に来てくださいね。クリスマスパーティーには招待しますね。
> ティム：わあ、ありがとうございます！

　日本語のレベルはさほど高くなくても、クラスのムードメーカーであり、博識で、人生経験豊かなティムさんはクラスの中で核となる存在でした。そのティムさんが仕事の都合で来られなくなってしまうのは大変残念なことですが、これでティムさんの日本語学習が完全に終わってしまったわけではないとやよい先生は話しています。どんな状況でも「自律」的な学びを生涯にわたって行っていく能力をCEFRは示唆しています。ティムさんの日本語学習はクラスを離れても違った形で続けていけるし、続けてほしいとやよい先生は思っているのです。

⇒参照　CEFR 6.3.5

振り返ってみましょう

　あなたは毎日、言語を使ってどんな課題に取り組んでいますか。学習者はどんな課題をしているでしょうか。ティムさんの例を見てみましょう。

　ティムさんは、今日、ブリュッセルへ出張です。ブリュッセル行きの電

車のアナウンスはフランス語・オランダ語・ドイツ語・英語の4か国語でされています。電車の中で、ティムさんは次の停車駅のアナウンスを聞き逃してしまいました。そこで、隣の人に確認することにしました。隣の人を見るとフランス語の新聞を読んでいます。そこで、ティムさんは、フランス語で次の駅はどこかと聞きました。

また、ティムさんはブリュッセル南駅で朝食をとるためにカフェに入りました。そこで、メニューを見て困っている日本人旅行者を見かけて注文を手伝ってあげました。

出張先のブリュッセル支社では会議に出席しました。その会議には欧州各国からの出席者がいて、共通言語として英語が使用されていました。ティムさんの言語使用の状況をまとめると、以下のようになります。

いつ	どこで	誰と／誰に／何を	どのように	使用言語	何のために
朝	電車	隣の人	対面	フランス語	情報取り
朝	カフェ	日本人旅行者	対面	日本語	通訳
		メニュー	読む	フランス語	注文
日中	会社	同僚	対面	英語	会議参加

あなたは毎日どんな課題に取り組んでいますか。あなたの課題と学習者の課題で同じもの、違うものはありますか。その理由も併せて考えてみましょう。

(1) あなたは、言語を使って何をしましたか／しなければなりませんでしたか？　今まで、あるいは今日の活動を振り返ってみましょう。

いつ	どこで	誰と／誰に／何を	どのように	使用言語＊	何のために

＊使用言語には、地域語（方言等）、位相語（職業語等）などを含みます。Q.5 を参照。

(2) 学習者は<u>学習言語</u>を使って何をしていますか／しなければなりませんか？

いつ	どこで	誰と／誰に／何を	どのように	使用言語	何のために

(3) 現在授業を担当している方は、現状の課題が学習者に適したものであるかどうかを、学習者が必要とする課題と関連づけて振り返ってみましょう。これから先生になろうとしている方は、どのような課題を授業で取り上げていきたいかを考えてみましょう。

(→解答はありません)

第4章
CEFRが考える言語能力

Q.22 CEFRはレベルをどう分けていますか？

A.22 「共通参照レベル」として、言語能力を6つのレベルに分けています。

　CEFRでは、言語能力をA, B, Cの3つの段階に分けています。それを「共通参照レベル（Common Reference Levels）」と呼び、次のように示しています。それぞれのレベルは2つに分けられ、全部で6つのレベルが設けられています。Aレベルは従来の初級、Bレベルは中級、Cレベルは上級にあたるとCEFRは説明しています。

- A：基礎段階の言語使用者（Basic User）：A1, A2（初級）
- B：自立した言語使用者（Independent User）：B1, B2（中級）
- C：熟達した言語使用者（Proficient User）：C1, C2（上級）

⇒参照　CEFR 3.2

　次ページの表3は、『[新版] 日本語教育事典』（日本語教育学会編 2005）に書かれている初・中・上級についての説明です。また、表4（p. 53）は、CEFRの表1（3.4, Table 1）「共通参照レベル：全体的な尺度（Common Reference Levels: global scale）」A1～C2のレベルの記述です。CEFRではこのような表をグリッド（grid）と呼んでいます。この2つの表を比べると、レベルの書き方にどんな違いがあるでしょうか。

表3　初級・中級・上級の概要

（日本語教育学会編 2005, pp. 757-758 参照）

●初級
基礎的な文型・文法、漢字（300字程度）、語彙（1500語程度）を習得する段階。これらを用いて簡単な応答、質問、依頼、説明などの口頭でのコミュニケーションができ、平易な文章の読み書きができるようになることが目指される。学習時間は300時間程度。

●中級
やや高度の文型・文法、漢字（1000字程度）、語彙（6000語程度）を習得する段階。まとまりのある談話の内容を理解したり、一般的なことがらについて会話や読み書きができる能力を身につける。学習時間は600時間程度。

●上級
高度の文型・文法、漢字（2000字程度）、語彙（10000語程度）を習得する段階。社会生活上必要な口頭能力と読み書き能力を獲得し、仕事や専門の勉強といった目的を日本語で達成できるようになることが目指される。学習時間は900時間程度。

　『新版日本語教育事典』では、レベルが漢字や語彙の数、また総学習時間数などによって説明されていることがわかります。それに対して、CEFRでは、漢字や語彙の数などの言語知識に関する記載は見られず、言語を使ってどのような活動ができるかが示されています。

　つまり、CEFRは言語知識の量ではなく、どんな課題がやり遂げられるのかという観点から、言い方を変えれば「行動中心アプローチ」から考えてレベルの記述がされています。

　このようにCEFRはレベルを6つに分けていますが、もし、この6レベルだけでは学習目標や学習者のレベルを詳細に示せないという場合には、例えばB1をB1.1とB1.2のようにさらに枝分かれさせてよいと認めています。ですから、学習者の年齢や学習地域や学習目標によって、柔軟に枝分かれさせることができるのです。ただし、CEFRはヨーロッパ各地を移動する人々の言語学習／言語使用の状況を共有することを目的としているので、基本となるA1～C2の6つのレベルについては「その数を増やしてはならないのである」と明記しています。この点には留意する必要があります。　　　　　　　　　　　　⇒参照　CEFR Notes for the user

表4 CEFR「共通参照レベル：全体的な尺度」

(吉島・大橋他訳編 2004, p. 25 より)

熟達した言語使用者	C2	聞いたり、読んだりしたほぼ全てのものを容易に理解することができる。 いろいろな話し言葉や書き言葉から得た情報をまとめ、根拠も論点も一貫した方法で再構成できる。自然に、流暢かつ正確に自己表現ができ、非常に複雑な状況でも細かい意味の違い、区別を表現できる。
	C1	いろいろな種類の高度な内容のかなり長いテクストを理解することができ、含意を把握できる。 言葉を探しているという印象を与えずに、流暢に、また自然に自己表現ができる。社会的、学問的、職業上の目的に応じた、柔軟な、しかも効果的な言葉遣いができる。 複雑な話題について明確で、しっかりとした構成の、詳細なテクストを作ることができる。その際テクストを構成する字句や接続表現、結束表現の用法をマスターしていることがうかがえる。
自立した言語使用者	B2	自分の専門分野の技術的な議論も含めて、抽象的かつ具体的な話題の複雑なテクストの主要な内容を理解できる。 お互いに緊張しないで母語話者とやり取りができるくらい流暢かつ自然である。 かなり広汎な範囲の話題について、明確で詳細なテクストを作ることができ、さまざまな選択肢について長所や短所を示しながら自己の視点を説明できる。
	B1	仕事、学校、娯楽で普段出会うような身近な話題について、標準的な話し方であれば主要点を理解できる。 その言葉が話されている地域を旅行しているときに起こりそうな、たいていの事態に対処することができる。 身近で個人的にも関心のある話題について、単純な方法で結びつけられた、脈絡のあるテクストを作ることができる。経験、出来事、夢、希望、野心を説明し、意見や計画の理由、説明を短く述べることができる。
基礎段階の言語使用者	A2	ごく基本的な個人的情報や家族情報、買い物、近所、仕事など、直接的関係がある領域に関する、よく使われる文や表現が理解できる。 簡単で日常的な範囲なら、身近で日常の事柄についての情報交換に応ずることができる。 自分の背景や身の回りの状況や、直接的な必要性のある領域の事柄を簡単な言葉で説明できる。
	A1	具体的な欲求を満足させるための、よく使われる日常的表現と基本的な言い回しは理解し、用いることもできる。 自分や他人を紹介することができ、どこに住んでいるか、誰と知り合いか、持ち物などの個人的情報について、質問をしたり、答えたりできる。 もし、相手がゆっくり、はっきりと話して、助け船を出してくれるなら簡単なやり取りをすることができる。

⇒参照　CEFR 3.4

○枝分かれさせてもよいパターン　×枝分かれさせてはいけないパターン

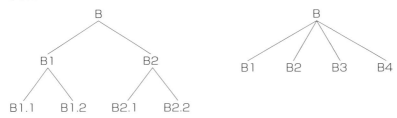

 やよい先生の場合

　やよい先生は、CEFR「共通参照レベル：全体的な尺度」のB1レベルに目を通しながら、考え込んでいます。去年B1のクラスを担当しましたが、全体的な尺度にある「身近で個人的にも関心のある話題について、単純な方法で結びつけられた、脈絡のあるテクストを作ることができる」の課題遂行はずいぶんできるようになったものの、次の「経験、出来事、夢、希望、野心を説明し、意見や計画の理由、説明を短く述べることができる」までは1年間ではとても到達できなかったと振り返っています。B1をB1.1、B1.2と2年かけて、じっくり課題が遂行できるカリキュラムをつくったほうが、学習者も達成感を得られるのではないかと思いました。そこで、その考えを他の先生たちに提案しようと考えています。

> **Q.23** 「Can Do（〜ができる）」という表現で能力が記述されているのはなぜですか？

> **A.23** 「〜できる」という表現を用いるのは、CEFRが学習者の言語活動を肯定的に評価しようとしている姿勢の現れです。

　CEFRではそれぞれのレベルが「〜できる（can...）」という表現で書かれています。これを「例示的能力記述文（illustrative descriptors）」と呼んでいます。「〜できる」という表現を用いるのは、CEFRが学習者の言語活動を肯定的に評価しようとしている姿勢の現れです。CEFRは学習者

第 4 章　CEFR が考える言語能力 | 55

が「社会で行動する者（social agents）」として社会に参加することを願い、学習者一人ひとりの課題遂行（目的の達成）の実現のための言語学習を目指しています。

　一般的に Can Do 記述文／ Can Do Statements といわれることがありますが、この用語は、ALTE（Association of Language Testers in Europe）がレベル記述のために用いている用語で、CEFR では一貫して「例示的能力記述文（illustrative descriptors）」という表現を用いています（⇒ Q.26 参照）。

　この「例示的能力記述文」は、1991 年のルシュリコン・シンポジウムを受け、スイス研究プロジェクトが収集・厳選したものです（⇒ Q.16 参照）。この研究には約 300 人の教師と 2800 人の学習者が参加しました。

　「例示的能力記述文」は、学習者本人が自分の達成具合をチェックする自己評価や、次の目標を設定するのにも使用されるものです。できないことばかりが目につくと学びの道のりは苦しいものになりますが、逆に、これまで一歩一歩積み上げてきたものを確認することができれば、新しいことに挑戦する気持ちも、学習の動機も高まるのではないでしょうか。教師の立場から振り返ると、教師はつい「これができない、これもできないから、この学習者はこのレベル」と減算的（否定的）に考えがちですが、「これができる、ここまでできるから、この学習者はこのレベル。次のレベルになるには、これとこれができるようになればいい」というように肯定的な表現を用いて、能力を考えることを提唱しています。別の言い方をすれば、加算的評価（summative assessment）を奨励しているということです。

　　　　　　　⇒参照　CEFR Appendix A, Appendix B, Appendix D

◯ やよい先生の場合

　やよい先生は、今、ティムさんとの個人面接を前に何と言おうかと考えています。やよい先生が減点方式で否定的な表現を用いてティムさんの能力を伝えるとしたら「ティムさんは漢字と動詞の活用がまだできませんね。ですから、あなたのレベルは A2 です」となります。それを加算的に肯定的な表

現で伝えるとしたら、「ティムさんはもう、ひらがなと日常会話ができます。もっと正確に日本語が使えるようになったら、B1レベルになれますよ」となります。ティムさんが今までの成果をより認識し、これからの学習目標をより自覚できるのは、後者の評価の仕方ではないでしょうか。

⇒参照　CEFR 3.4, 9.3.13

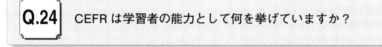

Q.24　CEFRは学習者の能力として何を挙げていますか？

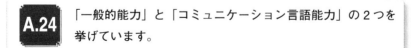

A.24　「一般的能力」と「コミュニケーション言語能力」の2つを挙げています。

　CEFRは学習者を母語話者と区別せず、すべての人を「社会で行動する者（social agents）」とみなし、言語使用のためには「一般的能力」と「コミュニケーション言語能力」の2つが必要であるとしています。

⇒参照　CEFR 第五章

　具体的にどのような能力を挙げているのか、ティムさんの能力を例に見てみましょう。以下に示すティムさんの能力は、やよい先生が日ごろ感じているものです。なお、ここに示す用語および例示的能力記述文は、日本語版CEFR（吉島・大橋他訳編 2004）の邦訳を用いています。

●一般的能力（General competences）

「一般的能力」をCEFRは、(1)叙述的知識、(2)技能とノウ・ハウ、(3)実存論的能力、(4)学習能力の4つに分けています。この能力については、CEFRの中に能力記述文はありませんが、ある課題や活動を達成するのに必要な「知識（knowledge）」「意識（awareness）」「技能（skills）」といった能力が示されています。

(1) **叙述的知識**（Declarative knowledge）

一人ひとりの体験から得た知識と、勉強によって得た知識の両方を含みます。この知識は3つに分類されています。
- 世界に関する知識
- 社会文化的知識（日常生活、住環境、対人関係、価値観・信条・態度、身体言語、社会的慣習、儀式時の立ち居振る舞い）
- 異文化に対する意識（母文化と異文化の共通点・相違点の知識、理解）

ティムさんは日本の学校教育、日本家屋でのルール（靴を脱ぐ・座る場所など）、冠婚葬祭、また、日本人の食生活やジェスチャーなどについての知識と情報が豊富です。

⇒参照　CEFR 5.1.1

(2) **技能とノウ・ハウ**（Skills and know-how）

ある活動を行う能力で、その活動を実行するために意識しなくてもできるように体得している技能のことです。
- 実際的な技能とノウ・ハウ（社会的技能、生活技能、職業的および専門的技能、余暇技能）
- 異文化間技能とノウ・ハウ（母文化と異文化を関連づける、仲介役ができる、文化知識を使える）

ティムさんは日本の銭湯に入ったり、日本人に名刺を渡したり、日本語の

メールの挨拶を書いたりすることができます。また、ドイツ人の両親と日本人の義理の家族との両方の文化を尊重しながら両方の親の間をうまく取り持つことができます。

⇒参照　CEFR 5.1.2

(3)　**実存論的能力**（Existential competence）
　個々人の持つ態度、動機、価値観、信条、認知的スタイル、性格的な要因のことです。個人的な性格を要因とするものと文化的な適応がもたらす面があります。

　ティムさんは異文化に対して好奇心が高く、寛容な態度を持っています。会社でも町でも他の人と積極的にコミュニケーションをとるのが好きです。しかし、物静かなクラスメートからは、時々騒がしくてお節介と思われることもあるようです。でも、早苗さんと結婚してからティムさんはちょっと変わったようです。日本人の両親や知り合いと話をする機会が増えました。自分の母語ではない言葉を聞いたり、その言葉で会話を試みたり、また、相手にわかりやすいドイツ語や英語で話をすることが以前よりずっと多くあります。これらの経験を通して、自分から発信するだけでなく、聞き手のことを考えること、いい聞き手になることの大切さを以前より高く評価しているようです。

⇒参照　CEFR 5.1.3

(4)　**学習能力**（Ability to learn）
　新しいもの・異なったものを発見でき、取り入れることができる能力のことです。その時に学ぶものは言語、文化、知識、人々などさまざまなことが考えられます。
・言語とコミュニケーションに関する意識
・一般的な音声意識と技能
・勉強技能
・発見技能

ティムさんは一度失敗したことから学ぶ力があります。また、日本語の漢字学習のために自分用のカードをつくったり、漢字学習アプリを活用したり、自分に合った勉強の仕方を見つけるのが得意です。最近、朝鮮語にも興味を持ち始めましたが、日本語の知識を朝鮮語の学習にも役立てているようです。

⇒参照　CEFR 5.1.4

●コミュニケーション言語能力（Communicative language competences）
　「コミュニケーション言語能力」をCEFRは、(1)言語構造的能力（日本語版CEFRの「言語構造的能力」(p. 13)と「言語構造能力」(p. 116)は同じもの）、(2)社会言語能力、(3)言語運用能力の3つに分けています。CEFRの中に能力記述文が示されていますので、それも併せてティムさんを例にとって見ていきます。

(1)　**言語構造的能力**（Linguistic competences）
　語彙・音韻・統語などに関する言語の知識や技能のことです。
・語彙能力
・文法能力
・意味的能力
・音声能力
・正書法の能力
・読字能力

例1：語彙能力（使用語彙領域）
　ティムさんは日本の義理の両親との日常会話のための語彙が十分にあります。仕事で複雑な交渉をするための語彙はまだ不十分ですが、接待の席などで交流を深めたりするのに必要な語彙はある程度あります。このティムさんの語彙能力をCEFRのグリッドで見ると…
〈CEFR：A2「使用語彙領域」〉
　馴染みのある状況や話題に関して、日常的な生活上の交渉を行うのに十分な語彙を持っている。

基本的なコミュニケーションの要求を満たすことができるだけの語彙を持っている。生活上の単純な要求に対応できるだけの語彙を持っている。

例2：文法能力（正確さ）
　ティムさんは話す時も書く時も「て形」や「普通体」の間違いはまだまだ多いですが、伝えようとしていることははっきりと理解できます。このティムさんの文法能力をCEFRのグリッドで見ると…
〈CEFR：A2「文法的正確さ」〉
　いくつかの単純な文法構造を正しく使うことができるが、依然として決まって犯す基本的な間違いがある。しかし、本人が何を言おうとしているのかはたいていの場合明らかである。

⇒参照　CEFR 5.2.1

(2)　**社会言語能力**（Sociolinguistic competences）
　その言語が話される社会でのルールを理解し、それに則って活動できる能力です。
- 社会的関係を示す言語標識
- 礼儀上の慣習
- 金言、ことわざ
- 言語の使用域の違い
- 方言や訛

　ティムさんは、日本語の話し言葉と書き言葉の違いや、友達言葉と敬語の違いなどの知識を持っていて、これらの使い分けができるようになろうと努力しています。最近は敬語で話すことがだいぶ上手になってきました。このティムさんの社会言語能力をCEFRのグリッドで見ると…
〈CEFR：B1「社会言語的な適切さ」〉
　ごく普通の、中立的な言葉遣いで、幅広い言語機能を実現、対応できる。明示的な礼儀慣習を認識しており、適切に行動できる。目標言語の文化と当人自身の文化との間の、習慣、言葉遣い、態度、価値観や信条について、最

も重要な違いに対する認識があり、それを配慮することができる。

⇒参照　CEFR 5.2.2

(3) **言語運用能力**（Pragmatic competences）
　コミュニケーションを円滑かつ効果的に進めていくための能力です。
・ディスコース能力
・機能的能力

　ティムさんは、週末に見た映画や読んだ本のストーリーなどを説明する時、適切な単語を探すのに時間がかかることもありますが、短文をつないでうまく話すことができます。接続詞の使い方が上手なので、わりと聞きやすいです。時々質問しないとはっきりとわからないところもありますが、全体的な流れはちゃんとわかります。このティムさんの言語運用能力をCEFRのグリッドで見ると…
〈CEFR：B1　ディスコース能力「話題の展開」〉
　要点の組み立ては直線的であるが、単純な筋や描写をある程度流暢に述べることができる。
〈CEFR：A2　機能的能力「話し言葉の流暢さ」〉
　話し始めて言い直したり、途中で言い換えたりすることが目立つが、短い発話であれば自分の述べたいことを理解してもらえる。

⇒参照　CEFR 5.2.3

Q.25 CEFRは言語活動をどう捉えていますか？

A.25 CEFRでは、従来「四技能」と呼ばれてきたものを「コミュニケーション言語活動」と呼び、「産出活動」「受容活動」「相互行為活動」「仲介活動」の4つを挙げています。

　CEFRでは、話す・書く活動を「(1)産出活動」、聞く・読む活動を

「(2)受容活動」と呼んでいます。これに加えて、一方向的な話す・書く活動を、双方向的な「(3)相互行為活動（やり取り）」と区別して示しています。さらに、通訳・翻訳を「(4)仲介活動」として加え重要な活動の1つと述べています。これら4つを合わせて、CEFRでは「コミュニケーション言語活動」と呼んでいます。そして、それぞれの活動を私たちの生活の中の言語活動に基づいてさらに細かく分け、それら一つひとつについてA1～C2ごとの例示的能力記述文が記されています。

●コミュニケーション言語活動とストラテジー（Communicative language activities and strategies）

(1) **産出活動**（Productive activities and strategies）
- 「話す」
- 「書く」
- 「産出的言語活動のストラテジー」

(2) **受容活動**（Receptive activities and strategies）
- 「聞く」
- 「読む」
- 「視聴覚による受容的言語活動」
- 「受容的言語活動のストラテジー」

(3) **相互行為活動**（Interactive activities and strategies）
- 「口頭のやり取り」
- 「書かれた言葉でのやり取り」
- 「対面のやり取り」
- 「人間と機械の間のコミュニケーション」
- 「やり取りのストラテジー」

(4) **仲介活動**（Mediating activities and strategies）[2]
- 「話し言葉での仲介」
- 「書き言葉での仲介」
- 「仲介のストラテジー」

⇒参照　CEFR 第四章

2　A1～C2の例示的能力記述文はない。

やよい先生の場合

　やよい先生は CEFR の 4 つの「コミュニケーション言語活動」を見ながら、「確かに、一人で話したり書いたりする活動と、誰かと一緒にやり取りする活動とは違うなあ…、会話は苦手なのに、スピーチは得意な学習者もいるし」と思いました。また、「仲介活動」については、こんな気づきがありました。「日本語がわかる学習者なら、ドイツの町中で道に迷ったり、買い物で困ったりしている日本人を助けてあげることもできるなあ」と。会議の通訳や専門書のような複雑な翻訳だけでなく、こんな日常的な場面でも「仲介」してあげられることはたくさんあるのだと、やよい先生は気づいたのです。この気づきから、やよい先生は初級クラスの授業にも「町で迷っている日本人旅行者に道を案内する」「ドイツ語があまりわからない日本人の友達に薬の飲み方を教えてあげる」などの「仲介活動」を授業に取り入れるようになりました。

Q.26 例示的能力記述文（Can Do 記述文）は全部でいくつありますか？　どんなものがありますか？

A.26 全部で 493 あり、各レベルの言語活動・能力などを記述しています。

　CEFR では、Q.22 にあるように、グリッド（grid）という表が第三章では 3、第四章では 40、第五章では 13 提示されています。それらのグリッドには例示的能力記述文（⇒ Q.23 参照）が 493 記載されています。CEFR はコミュニケーションの要素として第四章で「言語活動」、第五章で「言語能力」を挙げています。「言語能力」に関しては Q.24 を、「言語活動」に関しては Q.25 を参照してください。
　これらの例示的能力記述文すべてを観察すると、各レベルの特徴が見えてきます。CEFR は活動が行われる場面として 4 つの領域を挙げ（⇒ Q.19 参照）、領域について表を掲載しています（CEFR 4.1.2, Table 5）。その表

と、Q.22 で示した全体的な尺度の記述を合わせて見てみましょう。

Ａレベルでは日常生活に直接関係のある個人的な事柄について、聞き手の手助けを得て実現しているという印象があります。領域では私的領域の活動が多いといえます。Ｂレベルになると、自分の専門について語り、事柄を説明し、問題に対処できるようになります。領域は私的領域から公的領域での活動が増え、さらに、専門性が高まると職業領域、教育領域と広がります。さらにＣレベルになると、理解においても自己表現においてもあらゆる領域の活動が可能になっていくことがわかります。

ＡレベルからＣレベルに向かって、個人的・受身的活動から、自己表現、問題対処、さらに、社会参加へと活動の幅や種類が広がっていくといえます。

やよい先生の場合

やよい先生はさまざまな能力記述文を見ながら、私たちが言語を使って行っている活動の種類や範囲の広さを実感しました。また、C1 や C2 というレベルの能力記述文を見ていると、日本語母語話者である自分でさえ日本語では達成できないような記述もあることに気づき、CEFR が外国語学習のことだけを考えてつくられたものではなく、母語話者も言語使用者として含まれていることを知りました。CEFR の「社会で行動する者（social agents）」という考え方についての理解が深まったように思いました。

Q.27 課題とレベルは対応関係にありますか？　例えば、「自己紹介ができる」はＡレベル、「プレゼンテーションができる」はＣレベルですか？

A.27 いいえ。Ｃレベルの自己紹介もありますし、Ａレベルからでもプレゼンテーションはできます。

まず、表5（次ページ）を見てください。これは CEFR 第四章の「聴衆

の前での講演（Addressing Audiences）」で、プレゼンテーションに関することが記されています。

表5　CEFR 例示的能力記述文：「聴衆の前での講演」

(吉島・大橋他訳編 2004, p. 64 より)

	聴衆の前での講演（Addressing Audiences）
C2	話題について知識のない聴衆に対しても、自信を持ってはっきりと複雑な内容を口頭発表できる。聴衆の必要性に合わせて柔軟に話を構造化し、変えていくことができる。 難しい、あるいは敵意すら感じられる質問に対処することができる。
C1	複雑な話題について、明確なきちんとした構造を持ったプレゼンテーションができる。補助事項、理由、関連例を詳しく説明し、論点を展開し、立証できる。 聴衆からの不意の発言にも対応することができる。ほとんど苦労せずに自然に反応できる。
B2	はっきりとした、体系的に展開したプレゼンテーションができる。重要な要点や、関連する補足となる詳細に対して、焦点を当てることができる。 予め用意されたテキストから自然に離れて、聴衆によって喚起された興味ある点に対応できる。そこで非常に流暢に、楽に表現ができる。 事前に用意されたプレゼンテーションをはっきりと行うことができる。ある視点に賛成、反対の理由を挙げて、いくつかの選択肢の利点と不利な点を示すことができる。 一連の質問に、ある程度流暢に、自然に対応ができる。話を聞く、あるいは話をする際に聴衆にも自分にも余分な負荷をかけることはない。
B1	自分の専門でよく知っている話題について、事前に用意された簡単なプレゼンテーションができる。 ほとんどの場合、聴衆が難なく話についていける程度に、はっきりとしたプレゼンテーションをすることができ、また要点をそこそこ正確に述べることができる。 質問には対応できるが、質問を話すスピードが速い場合は、もう一度繰り返すことを頼まねばならない。
A2	自分の毎日の生活に直接関連のある話題について、短い、練習済みのプレゼンテーションができる。 意見、計画、行動に対して、理由を挙げて、短く述べることができる。 話し終えた後、限られた数の簡単な質問に対処することができる。 身近な話題について、短い、練習済みの基本的なプレゼンテーションができる。 質問を繰り返し言ってもらい、回答するのに何らかの助け船を出してくれる人がいるなら、話し終えた後から出される簡単な質問に答えることができる。
A1	非常に短い、繰り返された表現を読むことができる。例えば、話し手の紹介や乾杯の発声など。

⇒参照　CEFR 4.4.1.1

これを見るとわかるように、AレベルやBレベルでも「プレゼンテーションができる」と記されています。CEFRの例示的能力記述文には、「『何が』できるか」だけでなく、「『どのように』できるか」も示されています。

プレゼンテーションといってもさまざまな種類があります。「自己紹介」も「体験報告」も「研究発表」も「商品説明」もプレゼンテーションです。聞き手に一人で長く話すという形式をとる言語活動は「プレゼンテーション」なのです。ただし、それぞれのプレゼンテーションの目的や聞き手は異なりますし、また、プレゼンテーションで求められる内容の精緻度や完成度も異なります。つまり、できること（プレゼンテーションができる）に、「何について」「どのぐらいうまく」などの条件が付け加わることによって、そのプレゼンテーションの質に違いが生じてきます。

ですから、「『プレゼンテーションができる』はCレベル」というように、「できること」（課題）が1つのレベルに固定されることはありません。つまり、「プレゼンテーション」はCレベルだけではなく、Aレベルでもできる活動なのです。そして、それは同じ課題を、難易度を上げながら、繰り返し学んでいくスパイラルな学びにもつながります。

⇒参照　CEFR 9.2.2.1

やよい先生の場合

　やよい先生は、これまでずっと初級でのみ指導していた「自己紹介」という活動について改めて考えてみました。「自己紹介」といっても、名前と所属を言うだけのあっさりとした自己紹介もあれば、名前の由来や自分の生い立ちなどを盛り込んだ、相手の印象に強く残る自己紹介もありますし、合コンでの自己紹介と、就職活動での自己紹介ではずいぶん違いが大きいことにも気づきました。「自己紹介ができる」はＡレベルというふうに思い込んでいたやよい先生ですが、「自己紹介」という課題にも実にさまざまなパターンやレベルがあるということに気づかされました。

Q.28 「いくつ漢字ができたら○○レベル」というような言い方はできますか？

A.28 いいえ、漢字の数で学習者のレベルを決めることはできません。

　日ごろ、私たちはどのように漢字を教えているでしょうか。日本語能力試験の合格を目的とした漢字だけの授業、漢字の教科書を使った漢字特別授業、総合教科書に沿った漢字の授業など、漢字学習だけをターゲットにした授業も見受けられます。そのような授業では、画数が少ないものや形が単純なものからという基準で漢字の学習順序を決めていることが多いのではないでしょうか。
　CEFRは学習者を「社会で行動する者（social agents）」として捉え、行動中心アプローチを提唱しています。ですから、漢字能力も課題遂行のために使用される言語知識の一つと考えることができます。漢字学習をこの視点から見ると、課題遂行のために必要な漢字が何であるかを教師は知っておく必要があるでしょう。
　例えば、初級で最初の授業のテーマが「自己紹介」であれば、職業名、国名、趣味などを漢字で提示することができます。職業や趣味を表す漢字

は学習者によって必要なものが異なるでしょう。漢字の画数や形ではなく、「自己紹介」という課題、そして、学習者のニーズに合わせた漢字が選択されることが求められます。

　ところで、「ある漢字ができる」とはどういうことでしょうか。漢字習得には「見て意味がわかること」「読めること」「書けること」の3点が挙げられます。では、この3つがすべてできないと、「漢字ができる」ことにならないのでしょうか。CEFR第三章の表2（Table 2）「共通参照レベル：自己評価表」の「読むこと」A1には「掲示やポスター、カタログの中のよく知っている名前、単語、単純な文を理解できる」という記述があります。この課題を遂行するためにすべての漢字について意味がわかり、読め、書ける必要はありません。掲示物やポスターの中で自分に必要な情報を表す漢字の形と意味が連想できれば十分に課題を達成することができます。例えば、ティムさんは仕事の連絡のために、「会議」「出張」という漢字を見てわかる必要がありますが、書けなくても問題はありません。

　つまり、漢字の習得数で学習者のレベルを決めることはできません。学習者の課題によって必要な漢字は異なりますから、「A1レベルで○○個の漢字」というようなレベル記述はできないのです。

やよい先生の場合

　ティムさんは、日本語で会話をするのは好きですが、漢字は大の苦手です。今日の漢字テストも仕事に追われて、ほとんど準備ができませんでした。「空行（空港）」「公円（公園）」と書いたティムさんの答案を見て、漢字担当の先生は「これぐらいできないと困るのよね。まったく…」と嘆いています。そばで聞いていたやよい先生は、「でもティムさん、「会議」とか「出張」とか、結構難しい漢字の『意味』はわかっているんだけどなあ。これぐらいできないと困るって、どれぐらいできないといけないの？　それに誰が困るの？」と疑問を感じました。

第 4 章　CEFR が考える言語能力 ｜ 69

  振り返ってみましょう

(1) Q.24 と Q.25 を参照して、CEFR の考える能力・言語活動を、Q.19 と Q.26 から言語活動の領域を、表にまとめてみましょう。

〈能力〉

一般的能力	(1) 叙述的知識
	(2)
	(3)
	(4)
コミュニケーション言語能力	(1)
	(2)
	(3)

〈言語活動〉

(1) 産出活動	話す
	書く
	ストラテジー
(2)	

(3)	
(4)	

〈言語活動が行われる場面の領域〉

(2)「玄関ホールで隣人たちと週末のバーベキューパーティーについて主にドイツ語で相談する」という早苗さんの活動は…

　　A　どんな領域の活動でしょうか？
　　B　どんな言語活動でしょうか？
　　C　どんな能力が必要でしょうか？

　上の(1)で作成した表およびCEFRを見ながら、(　)に✓を入れてみましょう。

A　言語使用の活動領域 　⇒ CEFR 第四章	(　) 私的領域 (　) 公的領域 (　) 職業領域 (　) 教育領域

B　言語活動の種類 　　⇒ CEFR 第四章	（　）話すこと （　）書くこと （　）聞くこと （　）読むこと （　）口頭のやり取り （　）書かれた言葉でのやり取り （　）話し言葉での仲介 （　）書き言葉での仲介
C　必要な言語能力 　　⇒ CEFR 第五章	・一般的能力 　（　）叙述的知識 　　　（　）世界に関する知識 　　　（　）社会文化的知識 　　　（　）異文化に対する意識 　（　）技能とノウ・ハウ 　　　（　）実際的な技能とノウ・ハウ、 　　　（　）異文化間技能とノウ・ハウ 　（　）実存的能力 　（　）学習能力 　　　（　）言語とコミュニケーションに関する意識 　　　（　）一般的な音声意識と技能 　　　（　）勉強技能 　　　（　）発見技能 ・コミュニケーション言語能力 　（　）言語能力 　　　（　）語彙能力 　　　（　）文法能力 　　　（　）意味的能力 　　　（　）音声能力 　　　（　）正書法の能力 　　　（　）読字能力 　（　）社会言語能力 　（　）言語運用能力 　　　（　）ディスコース能力 　　　（　）機能的能力

　皆さんの答えはそれぞれ異なっているかもしれません。バーベキュー

パーティーを行う場所が自宅の庭である場合と、公共施設である場合とで領域は異なります。また、隣人の母語によっては仲介活動が必要である場合と必要でない場合があります。さらに、早苗さんがこれまでにドイツでバーベキューパーティーをしたことがあるかないかで、異文化に対する意識も異なってくるでしょう。

(→解答は p. 93)

第5章
CEFRから教育実践へ

Q.29 CEFRを文脈化するとはどういうことですか？

A.29 複言語・複文化主義を行動中心アプローチに基づく実践へと具体化していくプロセスをCEFRの文脈化といいます。

　考え方（理念）を教え方（実践）へと具体化していくプロセスは、一般的に「文脈化（contextualization）」といわれています。CEFRの場合、複言語・複文化主義という理念（考え方）を行動中心アプローチに基づいて具体的に教育実践していくプロセスが文脈化となります。

　ところが、CEFRはFramework of Reference（参照枠）ですから、授業を行う際の考え方については細かく記されていますが、どのように授業を行うべきかという教え方については具体的に記されていません。その方法は、私たち自身が考え、導き出していかなければなりません。

　このことについて、CEFRの中では、「この参照枠（CEFR）は、ある一つの言語教授法を推奨するものではなく、選択肢（options）を示すためのものである。さまざまな選択肢については、情報や実践経験の十分な交換が行われなければならない」と、実に何度も何度も繰り返し記されています。

　また、CEFRは学習者の複言語能力の育成も目指しています。複言語能力は個人によって異なるため、ある一つの教授法を採用するのは不可能です。つまり、学習者の数と同じだけの教え方や教材があるということです。たった一つの教え方や教材を示すことはできないというのがCEFRの考え方ですから、具体的な方法を考えたり議論したりすることが現場の

教師たちに期待され、委ねられているのです。

⇒参照　CEFR 6.4

やよい先生の場合

　やよい先生はこれまで、CEFR を授業に反映させるためには、何か有益な方法があるのだろうと考えていて、それを知りたいと思っていました。しかし、CEFR の文脈化には一つの型があるのではなくて、機関や学習者に合わせて自分たち教師がつくり上げていかなければならないということを知り、これまでの実践を振り返りつつ、今教えている学習者一人ひとりについて真剣に考え始めました。

Q.30 文脈化にはすでにどんな例がありますか？

A.30 言語教育ガイドライン、言語能力試験、教育機関、授業への文脈化があります。

　Q.29 で、文脈化とは CEFR の考え方（理念）を教え方（実践）へと具体化していくプロセスのことだと述べ、学習者の数と同じだけの教え方や教材があると説明しました。ヨーロッパではどんな文脈化が行われているのでしょうか。いくつかの例を見てみましょう（次ページの表 6 を参照）。

　評価については、ALTE（The Association of Language Testers in Europe）という機関が中心となって文脈化が進められました。この機関は、1989 年に言語の試験を標準化することを目的として設立されました。本部はイギリスのケンブリッジ市におかれています。CEFR が出版されると、CEFR を参照し、技能の A1～C2 のレベルを Can Do 記述文／Can Do Statements で記載した一覧表が作成されました（CEFR, Appendix D 参照）。その後、旅行者用、仕事用、勉強用の Can Do の表を作成しています。現在、ケンブリッジ ESOL 試験（University of Cambridge ESOL

Examination)、フランス語資格試験（DELF / DALF）、スペイン語資格試験（DELE）など、多くの言語の試験が ALTE の Can Do を参照してレベルの設定・記述を行っています。自己評価では、無料オンライン自己診断テストである DIALANG（Diagnostic Language Assessment）が欧州委員会（European Commission）および欧州連合（EU）加盟国の 25 の教育機関の助成により作成されており、誰でもアクセスして言語能力テストを受けることができます。

表6　言語教育のガイドラインの例

言語教育の種類	名称	作成者
外国語としてのドイツ語教育	Profile deutsch Niveau A1-A2-B1-B2 (Glaboniat, Müller, Rusch, Schmitz, Wetenschlag 2002)	ドイツ・オーストリア・スイスの共同プロジェクト
外国語としてのフランス語教育	Niveau B2 pour le Français Un Référentiel（Beacco, Bouauet, Porauier 2004） 2006 年　A2 2008 年　A1 2011 年　B1	フランス・ベルギー・スイス・カナダの共同プロジェクト
市民に対する外国語教育	Volwasenonderwijs Opleidingsprofielen Modern Talen（成人言語教育ガイドライン）	ベルギー・オランダ語共同体の教育省

　さらに、教育機関の中だけで行われている文脈化もあります。複数の言語を教えている教育機関（例：大学の語学センター）全体で CEFR の文脈化に取り組んでいる場合や、1 つの言語コース（例：大学の日本語科）の教師たちが協力して CEFR を参照しながらコースデザインをしている場合などです。

　加えて、一人の教師が CEFR の理念に基づいて教案・教材を見直しながら授業に臨んでいるという文脈化もあります。

Q.31 言語教育機関における CEFR 文脈化の実践はどのようなものですか？

A.31 文脈化のプロセスには2つの方向があります。

　ここでは、教育機関における文脈化に焦点を当て、そのプロセスを具体的に見ていきましょう。文脈化のプロセスには2つの方法があります。

　1つは「ボトムアップ型」と呼べるもので、担当の教師が授業の指導項目や指導内容を、CEFRの考え方（複言語主義、行動中心アプローチ）から見直すことによって自分の実践とCEFRを結びつけていきます。これは、教科書・教案・試験などの個々の実践を出発点としています。教師一人ひとりの実践や経験を共有し、全体的な調整を図りながら、その機関の文脈化を行います。

　もう1つは「トップダウン型」と呼べるもので、まずCEFRの理念を参照したその機関のガイドラインを作成し、教師間の理念共有を図ります。次に、各言語の指導項目を含めたカリキュラムをつくり、年間計画表／評価基準表などを経て、教案、試験へとつなげていきます。このプロセスを通して、その機関の文脈化を行います。

　ボトムアップ型の特徴としては、「始めやすさ」が挙げられます。教師が日ごろの授業で考えている問題点を解決するために、CEFRを参照しながら教案や試験づくりを行うことができます。学習者からの反応や、教育の成果が実感しやすく、教案や試験の見直しへの動機づけにもなります。問題点は、機関全体で教師間、言語間の調整を行うのが難しい場合があるということです。

　トップダウン型の特徴は、機関内の教師全員が、CEFRの理念を同じように共有できることです。その結果、文脈化への動機づけも強くなり、その機関で標準化された教科書や試験などの作成も進みやすくなります。問題点は、現場で教えている教師たちにCEFRの内容と文脈化の必要性を

理解してもらうために時間と労力がかかることです。

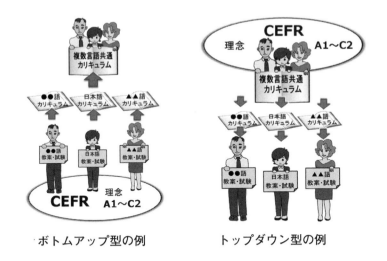

ボトムアップ型の例　　　　トップダウン型の例

　ボトムアップ型であれ、トップダウン型であれ、CEFRの理念に沿って、文脈化されたものは最終的には同じ結果を生みます。最も重要なことは、CEFRの理念である複言語主義、行動中心アプローチを正しく理解することです。

やよい先生の場合

　やよい先生が教えている成人向け言語教育機関では14の言語が教えられており、週に1回CEFRを参照したカリキュラムづくりのための研修会が開かれています。第1回目の研修会では、教務主任がCEFRを参照して作成した機関の目的、各レベルの記述、教材のつくり方などが記載されたガイドラインが配られました。研修会では、指導言語を問わずさまざまな教師同士の意見交換も多く行われます。しかし、やよい先生は当初、CEFRが頭ではわかっていても具体的なイメージがつかめず、黙って話を聞いていることしかできませんでした。

　前期の終わりに、14言語統一のA2レベルの口頭試験を作成することになり、アジア言語を教えている先生やヨーロッパ言語を教えている先生と一緒

に、A2レベルの口頭試験をお互いに提示しながら意見交換をし、共通の試験問題作成を進めていきました。このようにその機関のA2レベルの試験が共通となったことで、14言語のプログラムが標準化されました。

その結果、従来、ヨーロッパ言語の教育とは一線が引かれがちだった日本語教育が同等に扱われることになり、やよい先生には機関での活動により積極的に参加する気持ちが生まれました。近ごろでは、イタリア語のA2レベルの教材を参考に、日本語の授業の教材をつくったり、授業で困ったことがあると、教えている言語を問わずいろいろな先生に相談を持ちかけたりするようになりました。やよい先生は、機関全体で同じ目的意識を持ち、レベルや評価基準を共有することで機関全体の風通しがよくなり、意見交換もしやすくなってよかったと思っています。今では、CEFRの文脈化の意義が少し感じられるようになりました。

来年度から、この機関では日本語の中級レベルが開設されることになり、やよい先生は他の先生と一緒に中級レベルの能力記述表を作成しました。それまでは、教えている文型や漢字・語彙の数からレベル記述をしがちなやよい先生でしたが、今回はCEFRを参照したレベル記述ができあがりました。その記述は2つの項目から成っています。

1. 課題：学習者は何ができるのか
2. その課題を実現するにはどんな知識が必要か

まず、文型ではなく、課題があるということをやよい先生は再確認しました。

Q.32 CEFRは教育実践の中でどのような役割を担っていますか？

A.32 教育全体を支えるものとして、私たちが現場実践を考えたり、進めたりする上でのリファレンスです。

教育実践には必ず「目標」があります。その目標を達成するために「活動」を行い、そして、その目標が達成されたかどうかを確認するための「評価」があります。この「目標」「活動」「評価」が一本の線でつながることによって、教育効果が生まれます。これを図で表すと、次のようになります。

図1　CEFR 教育実践の三角形

　では、CEFR の理念（考え方）は、教育実践の中でどのような役割を果たしているのでしょうか。CEFR の役割を「言語のレベルを決める尺度」と考えている場合があるようですが、CEFR は決して評価のためだけのものではありません。CEFR は教育全体を支えるものとして、私たちが現場実践を考えたり、進めたりする上で道しるべの役割を果たしてくれるもの（リファレンス）です。例えば、教案を書いている時に、自分の設定した課題が目標に合っているかどうかわからなくなった場合、CEFR から手がかりが得られるでしょう。たとえ抽象的な理念でも、具体的な実践（例：教案作成）とかけ離れたものではありません。むしろ、その理念から客観的に自分の実践を見直すことによって、今まで気づかなかったことが見えてくるはずです。

　また、この図は、長期的な目標（例：3年間を通したコース全体の目標）にも、中期的な目標（例：3か月間のコース目標）にも、短期的な目標（例：今日の50分の授業）にも適応できるものです。ですから、教育に携わるさまざまな立場の関係者が意識を同じくするために必要な図ということになります。言語教育には言語教師だけでなく、教育行政関係者、

コースコーディネーター、教師養成者、試験機関など、さまざまな立場の人々が関わっています。このようなさまざまな人々が言語教育に対する考え方（理念）を共有するためにCEFRは大切な役割を担っています。例えば、日々行っている授業の目標と試験機関が実施するテストの目標が大きく異なっていて困った経験を持つ方は多いことでしょう。こうした問題を解決に導いていくためにもCEFRは役立ちます。

CEFRには、よりよい教育実践を考え続けるための基盤となる理念を、個人にも機関にも地域にも提供できるという点にその役割があるのです。

⇒参照　CEFR 1.1

やよい先生の場合

やよい先生は三角形の図を見ながら、これまでに成功した授業では目標と活動と評価がちゃんとつながっていたということ、逆に失敗した授業ではこれら3つがバラバラだったということに気づきました。そして、CEFRが教育実践のすべてにつながっていることを改めて知り、「よしわかった！　じゃあ、これからやってみよう！」と決心しました。さて、今後やよい先生の授業は、具体的にどのように変わっていくでしょうか？　Q.33で見ていきましょう。

Q.33 Q.32の三角形の「目標」はCEFRの理念を反映させることによってどのように変わりますか？

A.33 目標が文型習得から課題遂行へと変わります。

CEFRの理念を参照した目標を考えるにあたり、教案をつくってみましょう。学習目標には、コースの目標と、授業の目標があります。授業の目標は何になりますか。教科書の各課の会話文でしょうか。教えるべき文型でしょうか。学習者は授業で何を学ぶのでしょうか。

第5章　CEFRから教育実践へ | 81

　行動中心アプローチにしたがって考えると、学習目標を設定する際に、考慮すべきことは「学習者はどんな課題を遂行しなければならないのか」「その課題をやり遂げるために、どんな知識が必要なのか」という問いかけです。今までの授業を振り返ってみると、「この課ではどの文型を教えなければならないのか」という点から始まっていたことが多いように思います。この出発点となる問いかけの違いによって、目標が変わってきます。

やよい先生の場合

　やよい先生は、コースの目標が「初級の文法・語彙の指導」、授業の目標が「新しい文型導入」になっていた以前の教案をもう一度見直してみました。教科書は文型シラバス中心に作成されたものですが、コースの目標を「学習者が必要とする課題が遂行できる」に変え、「その課で学習者がどんな課題を達成することができるか」、また「その課題を達成するためにはどんな知識が必要か」を考えながら、教科書をじっくり観察していくと、授業の目標が具体的に見えてくることがわかりました。

　「コミュニカティブ・アプローチと行動中心アプローチ」の違いを確認するために、もう一度 Q.17 の図を見てみましょう。

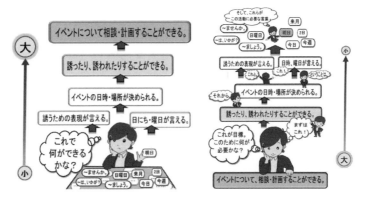

表7　CEFR参照前・後の「目標」の変化

CEFR参照前	項目	CEFR参照後
初級の文法・語彙の指導	コースの目標	学習者が必要とする課題が遂行できる
（なし）	トピック／テーマ	休みの日
『みんなの日本語』第6課 文型「〜ませんか」「〜ましょうか」	授業の目標	イベントについて相談・計画することができる

　CEFR参照前のコースの目標であった「初級の文法・語彙の指導」は、参照後の教案では目標（課題）を達成するために必要な文法項目や語彙という位置づけに変わって、目標ではなくなります。また参照後の教案には、「トピック／テーマ」の場面（上の教案例では、「休みの日」）において、達成すべき課題（上の教案例では、「イベントについて相談・計画することができる」）が「授業の目標」に記載されています。CEFRを参照した「目標」は、「教科書ありき」「指導文型ありき」から組み立てられていくものではなく、「社会で活動する学習者」「その学習者が社会で遂行すべき課題」を中心に設定されていきます。

 Q.32の三角形の「活動」はCEFRの理念を反映させることによってどのように変わりますか？

 「文型から教室活動を組み立てる」から、「課題から教室活動を組み立てる」に変わります。

　CEFRは教授法ではないので、新しい教授法に基づいた活動にする必要はありませんが、複言語主義、行動中心アプローチの考え方に基づき活動を考えていく必要はあります。「活動」を考える上で、一番大切なことは目標となる学習者の「課題」です。課題から教室活動を組み立てていくと

いう CEFR 実践の本質が保たれるのであれば、文法訳読法、オーディオ・リンガル法、コミュニカティブ・アプローチなど、どの教授法を用いて活動を行ってもかまいません。

　例えば、代入練習のようなパターン・プラクティスも、学習者の課題が達成されるまでの学習プロセスに必要であるなら、もちろん CEFR の理念に沿った活動であるということができます。具体的な活動の流れについては、第 3 章の Q.17 を参照してください。CEFR を参照した活動がこれまでと違う点は、「まず課題ありき」の考え方にあります。ですから、教師は、課題を達成するための言語知識、文化知識を学習者が活動を通して模索し、練習していけるように、豊富な素材を効果的に提供しなければならないのです。

やよい先生の場合

　さて、教案の見直しをしているやよい先生も、授業の目標「イベントについて相談・計画することができる」という課題遂行に必要な活動を考えています。「誘ったり、誘われたりすることができる」「日時・場所を友達と相談して決められる」などの活動が考えられます。やりたいこと、行きたいところを話し合う活動が必要になるでしょう。そのためには誘うために必要な文型や、日時・曜日を表す語彙を練習することも取り入れられるでしょう。教室活動としてカレンダーを見ながら、みんなでイベントの日を決めたり、誘うためのロールプレイをしたりすることが考えられます。

　また、社会参加として、ケルンの日本人をそのイベントに招待してはどうかと考えています。クラスの絵が上手な人にポスターを描いてもらったり、イベントのホームページをつくってもらったりもできるかもしれません。実際に日本人と活動すること、自分の特技を発揮することは学習者のモチベーションの向上にもなるし、社会文化的な情報も増え、活動の幅が広がるのではないかと思っています。

表8　CEFR参照前・後の「活動」の変化

CEFR参照前	項目	CEFR参照後
初級の文法・語彙の指導	コースの目標	学習者が必要とする課題が遂行できる
（なし）	トピック／テーマ	休みの日
『みんなの日本語』第6課	授業の目標	イベントについて相談・計画することができる
・文型「〜ませんか」「〜ましょうか」 ・教科書の漢字と語彙	指導項目	・誘ったり、誘われたりすることができる ・イベントの日時・場所が決められる ・場所と日にち、曜日、時間の語彙がわかる ・初めて会う日本人に挨拶ができる
・「〜ませんか」「〜ましょうか」を使ったモデル会話練習、短文作文	授業活動	・グループでイベントを企画する ・イベントに誘うためのロールプレイ ・ポスターをつくって、クラスでコンクールをする ・日本人に招待状を書く

Q.35 Q.32の三角形の「評価」はCEFRの理念を反映させることによってどのように変わりますか？

A.35 評価項目・評価基準・評価方法が変わります。

　Q.32の図で見たように授業の目標が変われば当然、評価も異なります。以下はCEFR参照前と参照後の評価の視点の違いを表しています。

表9　CEFR参照前・後の「評価」の変化

CEFR参照前	項目	CEFR参照後
初級の文法・語彙の指導	コースの目標	学習者が必要とする課題が遂行できる
・文法的正確さ ・語彙、漢字の知識 ・アクセント、イントネーション ・母語話者との近さ	評価項目・評価基準	・課題が遂行されたか、されなかったか ・課題がどれぐらいうまく達成されたか 【評価項目の例】 正確さ、結束性、語彙力、発音、表記、社会言語能力、言語運用能力
・教師評価	評価方法	・自己評価 ・他者評価 ・相互評価 ・教師評価

　上の2つを比較して、まず、気がつくのは、CEFR参照前は評価項目が「言語知識」と、その「正確さ」に偏っている点です。理想的母語話者を目指した言語教育観が根底にあることに気づかされます。

　それに対して参照後は、「課題が達成されたかどうか」「課題がどのくらいうまく達成されたか」が評価項目として挙げられています。課題がどのぐらいうまく達成されたか（達成度）を測る評価項目は、課題の種類や学習者のレベルによって、変わります。例えば、「就職の面接を受けることができる」という課題の場合、「社会文化的知識」（部屋に入る時のノックの仕方やお辞儀の仕方など）、「社会言語能力」（敬語など）、「語彙力」（専門用語など）、「言語運用の正確さ」が重要な評価項目となるでしょう。

　評価方法も広がりを見せています。CEFR参照前では教師のみが行う一方通行の評価でしたが、参照後は、評価は教師だけが行うのではなく、学習者同士や学習者自身でも行います。CEFRは、学習者同士の評価（相互評価）や自己評価ができる批判的な評価能力を大切な能力とみなしています。また、言語学習は生涯続く自律学習であるとCEFRは考えていますから、自己評価の重要性は高まります。

自分の学習に責任を持たなくてはならない生涯学習では、適切に学習計画を立てることが求められます。それができれば、学習者は自分で自分の強みと弱点が把握でき、学習意欲が高まることにもつながります。

　社会では自己評価を求められる場面も増え、今までに自分がどの言語をどれぐらい学び、どれぐらいできるのかを説明したり、学校で学んだ経験のない言語能力に関してもどのぐらいのレベルかを示したりすることが必要となってきました。

　つまり、自己評価能力は複言語能力を育成する上で欠かせない能力だということです。自分の言語能力をモニターして正しく評価できるように教室活動でも行い、指導をする必要があるでしょう。

⇒参照　CEFR 9.3.13

やよい先生の場合

　やよい先生は Q.34 で考えた活動をどう評価したらいいか考えてみました。

　例えば、「招待状は文法の正しさだけではなく、もらった人がわくわくして、行きたいと思えるかどうかも大切なポイントにしよう」「ポスターの評価は、私がするのではなく、クラスのみんなで投票して決めよう」「学習者にアンケートをつくってもらって、イベントの後、参加してくれた日本人に答えてもらおう」など、いろいろな評価を思いつきました。

Q.36　CEFR 実践における教師の役割とは何ですか？

A.36　教師自身が学び続けながら、学習者の学びをサポートすることです。

　行動中心アプローチでは、まず教師は自分自身も「社会で行動する者（social agent）」であると自覚する必要があります。その上で、学習者の立場に立ち、学習者とともに言語活動の「課題」を考えることが大切です。

そして、その課題を遂行するために必要な言語知識を提供したり、ストラテジーを示したりしなければなりません。知識を豊かにしてストラテジーがうまく使えるように手助けもしなくてはいけないでしょう。

　さらに、複言語・複文化主義に目を向け、学習者にさまざまな言語や異文化に対する新しい気づきを促すことも必要です。文化的、言語的、社会的にさまざまな背景を持つ「社会で行動する者（social agents）」としての学習者のアイデンティティの確立に寄り添うことも教師の役割ではないかと思います。

　しかし、現段階で、CEFRの理念に基づいた言語教育を受けた経験を持つ教師は極めて少ないため、自分自身が体験したことのない教育実践が求められています。多様な学習者を一括りにして教師中心の考え方で授業を進めるのではなく、一人ひとりの学習者を尊重し、学習者が内に秘めている複言語・複文化能力を意識化・顕在化させ、さらに向上させなくてはいけません。そのためには、教師が自分自身の複言語・複文化能力の向上に努力し、「考え続けること」「想像すること」「体験してみること」が必要です。学習者に自律的な学びを求めるのであれば、教師自身が率先して「自律的な学び」を体験し、内省し、その意義を理解しなければならないでしょう。

　CEFRでは、教師の役割は、学習者一人ひとりをよく観察して、能力向上に助力するだけでなく、一人ひとりの問題をどのように解決に導くかを学習者とともに検討していくことだといっています。また、教師は、学習者が学習言語を使用したり、教師になったりした時のロールモデルとしての役割も担っていると述べています。

　内省を続け、その経験を学習者に対して還元していく、その継続的な努力こそがCEFR実践を行う教師の最も重要な役割であるといえるのではないでしょうか。

⇒参照　CEFR 6.3.4, 6.4.2.2

振り返ってみましょう

(1) 下の教案はA2レベルの学習者を対象とした60分間のやよい先生の授業教案です。下の2つの観点から、修正したほうがいい点を考えてみましょう。

① 「目標」「活動」「評価」は適切につながっていますか？ もし、つながっていないとすれば、どこを修正すればよいと思いますか？

② CEFRの理念を反映させた授業実践となっていますか？
  (a) 学習者の目的行動（行動中心アプローチ）を考慮した目標設定ですか？
  (b) 学習者を「社会で行動する者（social agents）」とみなした活動が行われていますか？
  (c) 学習者の自律学習能力を向上させる工夫が行われていますか？

〈やよい先生の授業教案〉

対象者	A2レベルの一般成人クラス　（授業時間：60分）			
授業の目標（課題）	日本語の先生について作文を書くことができる。			
指導項目	初めての「尊敬語」			
時間	活動ごとの目標（課題）	活動	活動ごとの評価ポイント	教材／教具
15分	「です・ます体」を使った文章と尊敬語を使った文章の違いがわかる	【導入：テキスト読解】 ①ある先生の紹介文（です・ます体使用）を読ませる。〔テキストA〕 ②ある先生の紹介文（尊敬語使用）を読ませる。〔テキストB〕	尊敬語の概念が理解できているかどうか	テキストA, Bのプリント

		③テキストAとBの違いを見せて、「尊敬語」の概念について説明する。		
20分	尊敬語の動詞を覚えることができる	【尊敬語の導入・練習】 ①辞書形と尊敬語の対比表を配布し、ペアで暗記させる。 ②大判の対比表を黒板に貼り、学習者数名に尊敬語の空欄を埋めさせる。 ③②が完成したら、クラス全体でチェックする。 ④辞書形のフラッシュカードを見せて、尊敬語を言わせる。（口頭練習）	辞書形の動詞を尊敬語に言い換えることができるかどうか	・辞書形・尊敬語対比表 （学習者用、黒板用） ・動詞フラッシュカード
25分	先生に尊敬語を使って質問することができる	【応用練習】 ①先生への情報収集のために、グループで尊敬語を使った5つの質問を考える。 ②クラスメートの前で、グループごとに先生に尊敬語で質問をする。→教師は答える。 ＊先生の答えをメモしながら聞く。 ＊質問文に日本語の間違いがあった場合は、教師が適宜訂正する。	正しい尊敬語を使って先生に質問できるかどうか	質問記入シート
宿題	「テキストB」を参考にして、先生の紹介文を書いてくる。			

(2) 次ページの教案フォーマットを活用して、(1)の①と②で考えたことを生かしたよりよい教案を作成してください。

対象者	A2レベルの一般成人クラス　（授業時間：60分）			
授業の目標（課題）				
指導項目	初めての「尊敬語」			
時間	活動ごとの目標（課題）	活動	活動ごとの評価ポイント	教材／教具

宿題	

(→解答と解説は pp. 94-100)

〈振り返ってみましょう〉の解答

〈振り返ってみましょう〉は、質問に答えることだけを目的としているのではなく、本書の内容を読み返しながら理解を深めることを最大の目的としています。同僚や仲間との意見交換のきっかけとして、また、勉強会の教材としても、ぜひご活用ください。

第1章（pp. 25-26）

(1) A. 複言語・複文化　(2) B. 多言語・多文化
(3) B. 多言語・多文化　(4) A. 複言語・複文化
(5) A. 複言語・複文化　(6) B. 多言語・多文化
(7) A. 複言語・複文化　(8) A. 複言語・複文化

第2章（pp. 34-35）

A.
(1) Common European Framework of Reference for Languages
(2) 欧州評議会
(3) 2001年

B.
(1) 「人権・民主主義・法の支配」の尊重を保障すること。
(2) CEFRの目的が参照するもの（Reference）であることが強調されたため。
(3) 複言語主義
(4) 複言語主義とは複数の言語が相互に関連し合って補完的に存在しているという考え方で、一方、多言語主義は複数の言語がそれぞれ独立して存在しているという考え方。
(5) 複言語能力
(6) 複文化能力
(7) 部分的能力

第4章（pp. 69-72）

〈能力〉

一般的能力	(1) 叙述的知識
	(2) 技能とノウ・ハウ
	(3) 実存的能力
	(4) 学習能力
コミュニケーション言語能力	(1) 言語構造的能力
	(2) 社会言語能力
	(3) 言語運用能力

〈言語活動〉

(1) 産出活動	話す
	書く
	産出的言語活動のストラテジー
(2) 受容活動	聞く
	読む
	視聴覚による受容的言語活動
	受容的言語活動のストラテジー
(3) 相互行為活動	口頭のやり取り
	書かれた言葉のやり取り
	対面のやり取り
	人間と機械の間のコミュニケーション
	やり取りのストラテジー
(4) 仲介活動	話し言葉での仲介
	書き言葉での仲介
	仲介のストラテジー

〈言語活動が行われる場面の領域〉

私的領域
公的領域
職業領域
教育領域

第5章 (pp. 88-91)〈例〉

(1)
＊①、②(a)〜(c)の〈解答〉と教案内の［解説］の両方を参照してください。

① 「目標」「活動」「評価」は適切につながっていますか？
　〈解答〉はい。ですが、適切とは言い切れません。CEFRを参照した実践としては、ここで設定された「目標」には問題点があります（以下の②参照）。「目標」の設定を変更した場合には、「活動」も「評価」も変わってきます。

② CEFRの理念を反映させた授業実践となっていますか？
　(a) 学習者の目的行動（行動中心アプローチ）を考慮した目標設定ですか？
　〈解答〉いいえ。複言語主義に基づいた目標設定が必要です。

　(b) 学習者を「社会で行動する者（social agents）」とみなした活動が行われていますか？
　〈解答〉学習者の日常生活における言語活動を考えた工夫がもう少し必要です。

　(c) 学習者の自律学習能力を向上させる工夫が行われていますか？
　〈解答〉学習者が自分自身で答えを見つけられるような活動を入れるなどの工夫が必要です。

第5章　CEFRから教育実践へ

〈やよい先生の授業教案〉

対象者	A2レベルの一般成人クラス　（授業時間：60分）			
授業の目標（課題）	日本語の先生について作文を書くことができる。 【(a)の解説】 「〜できる」という言葉で目標を示しても、社会参加という視点がなければ、複言語主義に基づく目標設定とはいえません。学習者の日常生活を考えて、より現実的で具体的な課題を目標としましょう。			
指導項目	初めての「尊敬語」			
時間	活動ごとの目標（課題）	活動	活動ごとの評価ポイント	教材／教具
15分	「です・ます体」を使った文章と尊敬語を使った文章の違いがわかる	【導入：テキスト読解】 ①ある先生の紹介文（です・ます体使用）を読ませる。〔テキストA〕 ②ある先生の紹介文（尊敬語使用）を読ませる。〔テキストB〕 ③テキストAとBの違いを見せて、「尊敬語」の概念について説明する。	尊敬語の概念が理解できているかどうか 【(c)の解説】 ③で教師が説明する前に、学習者自身にテキストAとBの違いを意識的に気づかせる時間があると、自律学習につながるでしょう。	テキストA、Bのプリント
20分	尊敬語の動詞を覚えることができる	【尊敬語の導入・練習】 ①辞書形と尊敬語の対比表を配布し、ペアで暗記させる。 ②大判の対比表を黒板に貼り、学習者数名に尊敬語の空欄を埋めさせる。	辞書形の動詞を尊敬語に言い換えることができるかどうか	・辞書形・尊敬語対比表（学習者用、黒板用） ・動詞フラッシュカード

| | | ③②が完成したら、クラス全体でチェックする。
④辞書形のフラッシュカードを見せて、尊敬語を言わせる。(口頭練習) | | |

> **[(c)の解説]**
> 教師のほうから答え／模範（辞書形と尊敬語の対比表）を見せるのではなく、導入で読ませたテキストAとBを比較することによって、学習者自身に尊敬語を見つけさせるという活動も可能です。学習者のタイプにもよりますが、学習者自身に答えを発見させるという活動を積み重ね、習慣化することで、自律学習の力は徐々に向上すると思われます。

| 25分 | 先生に尊敬語を使って質問することができる | **【応用練習】**
①先生の情報収集のために、グループで尊敬語を使った5つの質問を考える。
②クラスメートの前で、グループごとに先生に尊敬語で質問をする。→教師は答える。
＊先生の答えをメモしながら聞く。
＊質問文に日本語の間違いがあった場合は、教師が適宜訂正する。 | 正しい尊敬語を使って先生に質問できるかどうか | 質問記入シート |

> **[(c)の解説]**
> 日本語の間違いの訂正は、教師だけでなく学習者同士でも行える活動です。学習者同士で訂正箇所を考える活動を通して、自律学習にもつながっていくことでしょう。

> **[(b)の解説]**
> 先生から未知の情報を得るという活動は、教師と学習者の対等性を維持することのできる活動ですから、教室の中のすべての参加者（教師も含む）が「社会で行動する者（social agents）」になっているといえるでしょう。ですが、教師から学習者に質問するという活動が含まれると、より一層互いの同等性が維持でき、教室が一つの社会であるということを示していけるのではないでしょうか。やよい先生が担当する一般成人のクラスには、教師が尊敬語で話しかけるのにふさわしい学習者がいることも多いですから、「社会で行動する者（social agents）」同士のやり取りの場としても教室を大いに活用できるのではないでしょうか。

第5章　CEFRから教育実践へ｜97

宿題	「テキストB」を参考にして、先生の紹介文を書いてくる。

> [(a)の解説]
> 授業の目標である「日本語の先生について作文を書くことができる」を達成するための宿題かと思われますが、授業時間内にこの活動を取り入れなければ、学習者は学習目標を認識しづらいですし、目標に沿った評価もできません。学習者が自分自身の達成度を認識したり、達成感を得たりできるよう、ぜひ授業の時間内に取り入れたい活動です。そのためには授業活動の時間配分などを工夫する必要もあるでしょう。

(2)〈修正教案の例〉

以下の教案は、修正後の教案の<u>一例</u>です（他にもさまざまな修正案が考えられます）。

対象者	A2レベルの一般成人クラス　（授業時間：60分）			
授業の目標（課題）	ドイツの日本人向けニュースレターの「日本人紹介」に日本語の先生についての記事を書くことができる。 [(a)に関する解説] 学習者の社会参加という視点に基づき、教室での言語学習が実際の社会での言語行動へと結びつくような現実的な目標（課題）を設定してあります。			
指導項目	初めての「尊敬語」			
時間	活動ごとの目標（課題）	活動	活動ごとの評価ポイント	教材／教具
5分	今日の授業のトピックになじむ	【スキーマづくり】 ①ある先生の紹介文（です・ます体使用）を読ませる。〔テキストA〕 ②ある先生の紹介文（尊敬語使用）を読ませる。〔テキストB〕	2つの紹介文の違いに気づくことができるかどうか	テキストA，Bのプリント

> [(c)に関する解説]
> 今日の授業に向かうための意識化、および自律学習へとつなげるために、学習者自身にテキストAとBの違いを能動的に気づかせる時間を設けました。

| 25分 | 仲間とともに尊敬語の動詞に気づき、まとめることができる | 【尊敬語の発見・練習】
①テキストAとBの違いを探して各自マーキングする。
②テキストAとBを見比べながら、辞書形と尊敬語の対比表をペアで完成させる。
③対比表が正しいかどうかを他のクラスメートと確認し合う。 | 尊敬語を自ら見つけ出し、自分なりの方法で整理することができるかどうか | |

> [(c)に関する解説]
> 教師のほうから答え／模範を見せるのではなく、学習者自身に尊敬表現に自律的に気づかせるという活動です。クラス全体が一つの答えにたどり着くまで仲間とともに確認作業を行うプロセスが「社会で行動する者（social agents）」としての学びといえるでしょう。また、あえてワークシートを配布しないことで、さまざまなまとめ方が生まれ、学習能力（ability to learn）の育成にも役立つと考えられます。

| 30分 | ・人物紹介の記事の書き方がわかる
・ニュースレター向けの人物紹介の記事が書ける
・自分で書いた記事の誤りを修正することができる | 【紹介文の作成】
①ドイツの日本人向けニュースレターの「日本人紹介」の記事を読ませる。
②学習者の一人に教師から3つの質問をし、それを記事に書く要領で尊敬語を使って板書する（これから行う活動の例を提示）。
③先生の情報収集のために、ペア／グループで尊敬語を使った5つの質問を考える。 | ニュースレター向けの人物紹介の記事として機能するかどうか | ・「日本人紹介」の記事のコピー
・記事用の指定フォーマット |

④できあがったグループから教師に質問をしに行き、答えをメモする。
⑤「テキストB」や「日本人紹介」の記事や教師の板書を参考にして、ペア／グループで先生の紹介文を完成させる。
＊質問がある場合は、教師が個別対応。
＊記事の提出前にペア／グループで誤りがないかどうかを確認し合う。

[(b)に関する解説]
①のような現物に触れることによって、学習者は臨場感が得られると同時に、達成すべき課題を誤解なく理解することができます。また、完成させるべきテキストタイプが示されることによって、③の質問を考える作業や、⑤の記事を書く作業に際して、効果的に参照できる材料ともなります。これらは、例えば母語話者が同様の記事を依頼された場合にも行う作業（過去の記事を参考にする）で、ここに示した授業活動は、私たちの現実にある目的行動に即したものであるといえます。
また、②のような活動は、尊敬語を使用する対象が教師に限らないことを示す上でも重要なもので、教師も学習者もともに「社会で行動する者（social agents）」であるという意識を図るためにも効果的でしょう。

[(c)に関する解説]
投稿記事の推敲・校正という作業は、現実的に行われるものです。ですから、自分が書いた記事を自分でチェックするという作業も含んだ課題の達成が望まれます。そのために母語話者等の協力が必要であるならば、人的リソースとして教師を活用するのも一つのストラテジーといえるでしょう。学習者の自律学習能力は、このように現実に即した一連の活動を通して促進され、実際の社会において目的行動に参加する際に役立つ能力となっていきます。

10分	敬語を使って紹介文を書く人物をイメージできる	【宿題に向けた準備】①宿題の説明を行う。②誰の紹介文を書くかを各自で考える。③各自が考えた人物をクラス全体で共有し、その人物が尊敬語を用いた紹介文に適した人物であるかどうかを話し合い、確認し合う。	紹介文を書く際に敬語を使うべき人物を適切に選択することができるかどうか	記事用の指定フォーマット（授業活動で使用したものと同じもの）

> [(a), (b), (c)に関する解説]
> こうした課題では、政治家や芸術家などを選択する学習者もいますが、紹介文記事として敬語を使うには適していません。こうしたポイントについて、教師が例を挙げながら説明を行うことも可能ですが、学習者が挙げた例をもとにクラス全体で検討することによって、より多くの事例について自ら考え、判断する力が養われると期待されます。このような考察／判断能力は、学習者が教室外で同様の課題に出会った際に必要とされるもので、学習者を「社会で行動する者（social agents）」とみなす行動中心アプローチに基づく実践においては大切な観点となります。

宿題	尊敬語を使用して、人物紹介の記事を書いてくる。

> [(c)に関する解説]
> 教室でクラスメートとともに行った活動と同じ課題に一人で取り組むことによって、授業中には気がつかなかった自分の問題点に気づくことができ、今後の学習計画にも役立ちます。

CEFR 理解度セルフチェック

36 の Q を振り返りながら、どのぐらい理解できているかチェックしてみましょう。

- ☐ Q.1　CEFR は何の略ですか？
- ☐ Q.2　CEFR は、それに基づいて授業をしなければならないもの（スタンダード）ですか？
- ☐ Q.3　CEFR は言葉を教えるためのマニュアルですか？
- ☐ Q.4　CEFR の目的は何ですか？
- ☐ Q.5　CEFR はどのような言語観に基づいていますか？
- ☐ Q.6　複言語主義と多言語主義の違いは何ですか？
- ☐ Q.7　複言語主義によって教育目的はどう異なりますか？
- ☐ Q.8　複文化主義というのは何ですか？
- ☐ Q.9　複言語・複文化能力の特徴は何ですか？
- ☐ Q.10　複言語能力と複文化能力を身につけることによって何が変わりますか？
- ☐ Q.11　CEFR に書いてある「部分的能力」とは何ですか？
- ☐ Q.12　CEFR の目指す教育は何ですか？
- ☐ Q.13　CEFR が生まれたヨーロッパはどんな地域ですか？
- ☐ Q.14　CEFR をつくった欧州評議会はどんな機関ですか？
- ☐ Q.15　CEFR をつくった「言語政策ユニット」の目的は何ですか？
- ☐ Q.16　CEFR はどのような経緯で生まれましたか？
- ☐ Q.17　CEFR が採用した「行動中心アプローチ」とは何ですか？
- ☐ Q.18　CEFR は学習者をどのように捉えていますか？
- ☐ Q.19　CEFR がいう「課題」とは何ですか？
- ☐ Q.20　CEFR がいう「ストラテジー」とは何ですか？
- ☐ Q.21　CEFR と自律学習・生涯教育はどうつながりますか？
- ☐ Q.22　CEFR はレベルをどう分けていますか？
- ☐ Q.23　「Can Do（〜ができる）」という表現で能力が記述されているのはなぜですか？

- ☐ Q.24　CEFR は学習者の能力として何を挙げていますか？
- ☐ Q.25　CEFR は言語活動をどう捉えていますか？
- ☐ Q.26　例示的能力記述文（Can Do 記述文）は全部でいくつありますか？どんなものがありますか？
- ☐ Q.27　課題とレベルは対応関係にありますか？　例えば、「自己紹介ができる」は A レベル、「プレゼンテーションができる」は C レベルですか？
- ☐ Q.28　「いくつ漢字ができたら〇〇レベル」というような言い方はできますか？
- ☐ Q.29　CEFR を文脈化するとはどういうことですか？
- ☐ Q.30　文脈化にはすでにどんな例がありますか？
- ☐ Q.31　言語教育機関における CEFR 文脈化の実践はどのようなものですか？
- ☐ Q.32　CEFR は教育実践の中でどのような役割を担っていますか？
- ☐ Q.33　Q.32 の三角形の「目標」は CEFR の理念を反映させることによってどのように変わりますか？
- ☐ Q.34　Q.32 の三角形の「活動」は CEFR の理念を反映させることによってどのように変わりますか？
- ☐ Q.35　Q.32 の三角形の「評価」は CEFR の理念を反映させることによってどのように変わりますか？
- ☐ Q.36　CEFR 実践における教師の役割とは何ですか？

CEFR グリッドリスト

CEFR 第三章・第四章・第五章に記載されているグリッドの一覧表です。

共通参照レベル （第三章） グリッド数：3			
全体的な尺度		自己評価表	話し言葉の質的側面
コミュニケーション言語活動（第四章）グリッド数：40			
産出活動			
話すこと		書くこと	ストラテジー
総合的な口頭発話	公共アナウンス	総合的な書く活動	計画
一人で長く話す：経験談	聴衆の前での公演	創作	補償
一人で長く話す：論拠を述べる		レポートやエッセイ	モニタリングと修正
受容活動			
聞くこと	読むこと	視聴覚による受容	ストラテジー
包括的な聴解	包括的な読解	テレビや映画を見ること	手がかりの発見と推論
母語話者同士の対話の理解	通信文を読むこと		
聴衆の一人として生で聞くこと	世情を把握するために読むこと		
発表や指示を聞くこと	情報や議論を読むこと		
音声メディアと録音を聞くこと	説明書を読むこと		
相互行為活動			
口頭のやり取り		書かれた言葉のやり取り	ストラテジー
一般的な話し言葉のやり取り	目的達成のための協同活動	一般的な書かれた言葉のやり取り	発言権の取得・保持
母語話者との対話を理解すること	製品サービスを得るための取引	通信	協力
会話	情報の交換	記録、メッセージ、書式	説明を求めること
非公式の議論（友達と）	インタビューすること、受けること		
公式の議論とミーティング			

テクスト		
ノート取り		テクストの処理
コミュニケーション言語能力（第五章）グリッド数：13		
言語構造的能力		
一般的な使用可能言語の範囲	使用語彙領域	語彙の使いこなし
文法的正確さ	音素の把握	正書法の把握
社会言語能力		
社会言語的な適切さ		
言語運用能力		
	ディスコース能力	機能的能力
柔軟性	話題の展開	話し言葉の流暢さ
発話の順番	一貫性と結合性	叙述の正確さ

第一部、以上

第二部 実践編

第1章 CEFRを参照した実践例1
既存の教科書を用いた場合

1. 『みんなの日本語 初級』を使った実践例
2. 『初級日本語 げんき』を使った実践例

第2章 CEFRを参照した実践例2
課題別実践例

1. 受容活動：読む
   「法務省のWebサイト」
2. 受容活動：読む・異文化理解教育
   「漫画『ブリーチ』」
3. 産出活動：書く・話す
   「私たちが見つけた関西」
4. 相互行為活動：口頭のやり取り
   「日本語劇」
5. 仲介活動：翻訳
   「キャンプ用テントの商品説明」
6. 仲介活動：翻訳
   「社会参加としての翻訳」

CEFR 実践を考えるために

　第一部では CEFR の理念・理論的な背景と実際の言語活動や言語学習がどのようにつながっていくかについて見てきました。第二部では、実際の現場で CEFR の理論がどう使われているか、その実例を紹介していきたいと思います。

　筆者がこれまでに行ってきた数々の CEFR に関する研修会やセミナーの中で、参加者の皆さんから次のような声がよく上がりました。

・「CEFR 実践の授業見学をしたり、ビデオを見たりしたい」
・「今後のセミナーなどで、CEFR の模擬授業をしてほしい」

ですが、残念ながら、CEFR に基づいた定型の授業や活動というのはありません。その理由については、本書の第一部で繰り返し述べてきましたが、以下にもう一度まとめておきます。

〈CEFR 実践を考える上で大切な 3 つのポイント〉
　ポイント①：CEFR はスタンダードではありません。　　（⇒ Q.2 参照）
　ポイント②：CEFR はマニュアルではありません。（⇒ Q.3, Q.29 参照）
　ポイント③：CEFR は教育全体を支える指針です。
　　　　　　　　　　　　　　　　　　　　（⇒ Q.17, Q.19, Q.32 参照）

以上の 3 つのポイントからもわかるように、この第二部に挙げられている実践例は、決して CEFR 実践のマニュアルではありませんし、CEFR 実践の唯一の成功例というわけでもありません。これらはあくまで "一例" です。同じ教科書や素材を使っても、学習対象者や学習目的が変われば、教室活動は柔軟に変化していきます。ですから、この第二部では、実践者たちが CEFR 理念をどのように授業に取り入れ、また、一つひとつの活動にどのような意義や目的を与えていったのかが詳しく説明されています。それは、なぜその教授法を選んだのか、どうしてこのような授業方

法を採用したのかを、教師が自分自身にも学習者にもきちんと説明できることが、CEFR実践において最も大切なことだからです。

このような理由もあり、第二部の実践例では、実践者である執筆者一人ひとりの個性が、その内容にも文体にも表れています。執筆者も複言語・複文化を持つ一人の「社会で行動する者（social agents）」であると考え、それぞれの違いを楽しんでください。なお、各実践例の中で使用されている「課題」という用語は「学習目標」と同義で用いられています。詳細は、本書第一部の**Q.19**を参照してください。

実践者である皆さん以上に学習者の背景やニーズをよく理解している人はいません。学習者の深い理解者である皆さんが、この第二部に挙げた実践例を叩き台の1つとして、CEFR実践の新たな創造と内容の充実のために、一緒に考える仲間に加わってくださることを強く期待しています。

第1章

CEFRを参照した実践例1
既存の教科書を用いた場合

　第一部のQ.32でCEFRの文脈化として、「目標」「活動」「評価」の関係を表す右の図を提示しましたが、第二部第1章では、この図を踏まえて行った実践例をご紹介します。ここでは既存の教科書『みんなの日本語　初級』（スリーエーネットワーク）と『初級日本語　げんき』（The Japan Times）というヨーロッパの日本語教育機関でよく使われている教科書を例として挙げました。CEFRの到達目標を参考にしながら、学習目標をつくり、その目標に到達するための課題を考え、課題遂行のためのさまざまな学習活動を行います。そして、課題が遂行できたか、学習者自身が主体となって評価していきます。❶の『みんなの日本語　初級』の実践例では、教科書各課のトピック／テーマを決め、そのトピック／テーマで実際に考えられる課題遂行を考えています。一方、❷の『初級日本語　げんき』の実践例では、「読む」「書く」「言語知識」という言語活動と教材の文脈化を図り、そこから活動を広げています。この❶と❷の文脈化の異なりは、次の2点の違いによるものです。

・対象者の違い：❶は学習者一人ひとりの背景（年齢、学習目的、専門など）が異なる語学センターで行われた実践で、❷は日本学を専攻する均質的な学習者を対象とした実践。
・言語活動の違い：❶は「聞く」「話す」「やり取り」が中心の活動、❷

は「読む」「書く」が中心の活動。

　学習目標や授業活動は、学習機関、学習対象者の違いによって当然変わってきますが、CEFR の文脈化は柔軟性を持って、どのような状況にも対応していくことができます。どちらも「目標」「活動」「評価」が CEFR の理念「行動中心アプローチ」を軸につながっていることをご覧いただけると思います。

❶ 『みんなの日本語　初級』を使った実践例

《機関》	大学語学センター（スペイン）
《レベル》	A1（初級前半）
《使用教科書・該当課》	『みんなの日本語　初級Ⅰ本冊［第2版］』第12課（スリーエーネットワーク）
《カリキュラム》	・各課を4回〜5回で終了：1回（90分）×4回＝計360分 ＊課によって回数は変わる。
《コースの目標》	・非常に基本的な範囲で、自分自身に関することや、具体的な要求を満たすための単純な表現を使って、コミュニケーションをすることができる。 ・自分自身の文化と目標言語が話されている文化との間の関係に関して、新しい経験や知識を得ることができる。
《トピック／テーマ》	旅行
《課の目標》 （課題）	【聞く】 　旅行についての簡単な会話を聞いて、内容を理解できる。 【やり取り（話す）】 　去年の旅行について聞いたり、答えたりできる。 【話す】 　今年の旅行プランについて話すことができる。
《活動形態》	ペア、グループ（3〜4人）、クラス（15〜20人）
《所要時間》	6時間〜7時間半

1. 目標

　CEFR の A1 レベルは初級前半レベルと考えられます。この実践は大学語学センターの A1 レベルのコースの実践です。使用されている教科書は『みんなの日本語　初級 I』で、第 12 課を例に取り上げました。その学習目標を見て

みましょう。CEFR に記載されている A1 レベルの例示的能力記述文では、「基本的な表現」「単純な文」「身近な話」「簡単な語句や文」などの言葉がキーワードとして使われています。A1 で大切なのは「ごく簡単な表現でかまわないから、勇気を持って、怖がらずに日本語でコミュニケーションをしていく。そして、それに慣れる」ことだといえるでしょう。日本語のインプットが多かったり、日本語で日常生活を送る必要のある学習者であれば、A1 の到達目標はその活動の中で自然に練習され、短時間で習得することができるかもしれません。一方、日本語を使う機会の少ない海外の日本語学習者にとっては、日本語を話すこと自体が大きなチャレンジです。授業のやり方によっては、学習者にコミュニケーションをすることへの苦手意識だけを植えつけるような結果を招いてしまうこともあります。日本語でコミュニケーションすることの楽しさや喜びを知ってもらうことが、A1 レベルの学習者が学習意欲を持ち、これからの長い日本語学習を持続していくためにも大切なことです。

　また、課の目標（課題）ですが、その課のトピック／テーマを決めてから、その場面でどんな課題が必要になるかを考えていくと、課の目標がおのずと決まっていきます。『みんなの日本語　初級 I』は各課のトピック／テーマが決まっているわけではないので、トピック／テーマを決めるのが難しい場合もありますが、その課の表現がどんな場面でよく使われるか、「会話」や「練習 C」で使われている場面などを参考に決めるのがよいと思います。

> **CEFR 参照ポイント①**
>
> 　CEFR では、14 のカテゴリーを提示していますので、言語コミュニケーションのトピック／テーマとして参照できます。

表1　CEFR のカテゴリー

1. 個人に関する事柄	8. 教育
2. 家と家庭、環境	9. 買い物
3. 日常生活	10. 食べ物と飲み物
4. 自由時間、娯楽	11. サービス
5. 旅行	12. 場所
6. 他人との関係	13. 言語
7. 健康と身体管理	14. 天気

(⇒参照　CEFR 4.2)

第一部 Q.27 でも述べていますが、スパイラルに学んでいく CEFR のレベル設定に合わせた各コースの場合、A1 で使われたトピック／テーマが、A2 または B、C レベルでも使われることがあります。もちろん、その場合の課の目標（課題）はレベルによって難易度が上がっていきます。

2. 活動

実際の活動については、例えば以下のように進めることができます。

| 授業活動 1回目 | 1. テーマを予測する
◆ 課の導入として、写真や動画、ドラマ、映画の1シーン、イラストを使って、その課のテーマを予測し、新しい課へのイメージを膨らませていく。
2.「会話」を聞く
① 初めは教科書を見ないで、テーマに沿った会話を聞きながら、会話の内容を推測する。
② 2、3回続けて聞いた後、ペアで何の会話か予測する。
③ 2、3回聞いて、今度はグループで内容を共有する。
④ 最後にはクラスで会話の内容を話し合い、教科書を見ながら、もう一度会話を聞く。
＊この段階では文法や言葉の意味を説明したりはしないが、聞き取れた言葉や表現をみんなで共有していく。
3. 課の目標（課題）を共有する |

2回目 3回目	**1. 課題達成のための活動** ① 旅行についての「会話」「練習C」でどんなことが表現されているか、初めはペアで話し合う。新しい表現（文型）があれば、「会話」や「練習C」からそれらを見つけ、クラスで共有する。その後、「練習A」で新しい文型を確かめる。 ＊教科書にテーマに即した適当な会話がない場合は、他の会話を使うことも可能である。 ② 旅行について話したい時、他にどんな表現が必要か、どんな語彙が必要かなど、ペア、クラスで共有しながら、旅行の時に使うコミュニケーションの言語知識を深めていく。 ③「練習C」などの短い会話は、ペアで何度も練習し、クラスで発表する。 **2. 教室活動** ◆「文型」はディクテーションに使ったり、「例文」をコピーして各文を切り離したものをペアで質問と答えに組み立てたり、さまざまな教室活動につなげていく。 **3. 自律学習（宿題）** ◆ 文型のパターン練習である「練習B」は、学習者の自律学習につなげる。 ＊宿題として提出する時は、手書き、あるいはパソコンで作成し、問題の意味をきちんとつかむために母語への翻訳も意識させる。そうすることで、ただのパターン練習ではなく、漢字や語彙の勉強にもなる。
4回目	**1. その課のテーマで寸劇を行う** ◆ その課の総まとめとして、テーマに合った短い会話、寸劇を行う。 ＊習った会話をもとにしてもいいし、アレンジしてもいい。学習者がそこまでのレベルに達していない場合は「練習C」や「会話」をそのまま行ってもいい。形式は自由、人数もペア、グループなど、そのつど人数を変えていく。 ＊第12課の場合は、自分の国の有名な祭りを紹介する会話なども考えられる。発表後はクラスで相互評価を行う。 **2. 各課の終わりに課の目標（課題）の自己評価を行う**
年間コース終了時	◆ 各課のミニ発表を重ねていき、コース終了時には、ペアあるいはグループでテーマを決めて自分たちのオリジナルのシナリオを書き、15分ぐらいの劇をする。

『みんなの日本語　初級』のような文型シラバスの教科書に沿って教えた場合、授業はどうしても文型を積み上げていく形になってしまいます。教科書に出てくる文型をその順番で教え、そこに出てくる練習問題も教室ですべてしなくてはいけないと考えていないでしょうか。それを続けていくと「文型だけは山のように勉強したけど、実際に話したくても、どの文型を使えばいいかわからない」といった文型とそれを使う場面が結びつかない結果となってしまいます。教科書はあくまで素材であり、料理して使うものであって、そのまま使うものではありません。CEFRの行動中心アプローチに基づいて、学習者のニーズにあった課題を考え、各課のトピック／テーマを決めると、教科書の料理の仕方も見えてきます。場面での課題遂行に必要なコミュニケーションの表現を考え、その練習のための教室活動を考えます。教科書から外に出て活動を広げていきながら、最終的にはトピック／テーマと課題遂行のための「コミュニケーションの表現」、そして教科書の「文型」が学習者の中でつながっていきます。

　では、課題遂行のために、試行錯誤しながら学習活動をしている学習者たちに、私たち教師は何をしたらいいのでしょうか。教師の役割は文型やモデルを教えることではなく、学習者たちが自由自在に学習活動ができるように学習計画を支援し、導く、モデレーターとなることだといえるでしょう。

> **CEFR 参照ポイント②**
> 「教師は、生徒・学生の進み具合をモニターして、一人一人の学習能力を伸ばすだけでなく、学習上の問題を認識、分析、克服する方法を発見するよう求められている。」（吉島・大橋他訳編 2004）

(⇒参照　CEFR 6.3.4)

　授業は基本的にペア、グループで行い、学習者はクラスメートとコミュニケーションをとりながら、互いに協力し合って問題を解決していくことを習慣化していきます。グループ活動の場合、みんなが活動に参加できているか、教師は各ペアやグループの活動を注意深く観察し、活動の目的が

理解できていない場合はアドバイスをするなど、学習者への配慮を忘れないことが大切です。

さまざまな課題遂行にチャレンジしていくと、小さなことでも自分から日本語でコミュニケーションをしてみようという気持ちが、学習者の中に芽生えてきます。すべての活動をペアやグループで行うので、助け合いながら活動するという一つの共同体のようなものがクラスに生まれ、日本語学習を続けていくモチベーションにもなっていきます。

3. 評価

まず新しい課を始める前にその課の課題を学習者に知らせ、学習者のモチベーションを高めます。課題遂行のためのさまざまな授業活動では、活動終了時に教師が評価するのではなく、学習者自身が目標達成のための自己評価を行い

ます。時によっては、ペア、グループあるいはクラス全体で相互評価を行い、課題がどのような形で行われたか確かめていきます。

そして、課の終わりにも課の目標にどこまで近づくことができたか、自己評価を行います。次ページの表は、マドリードのある語学センターで使われている自己評価例ですが、学習目標がきちんと理解できるように日本語だけでなく、学習者の母語（スペイン語）でも記載されています。このように学習者にわかる言語で示す配慮が必要です。

言語学習に対して、暗記が苦手だとか、外国語を話すのが怖いとか、失敗したら恥ずかしいなど、ネガティブなイメージを持っている人は自分を過小評価する傾向があるので、教師はCEFRの提唱する加算的評価を心がけ、励ましながら、学習者が正しい自己評価をできるように指導していきます。

〈自己評価表例〉

Unidad: 12　旅行（りょこう）　Viaje		Autoevaluación (1-5)
CO	Entender un diálogo de un viaje. 旅行についての会話（かいわ）を聞（き）くことができます。	
IO	Explicar sobre mi pais o mi pueblo comparando con otro pais u otro pueblo. ほかの国（くに）や町（まち）と比較（ひかく）しながら、自分（じぶん）の国や町について説明（せつめい）できます。	
EE	Escribir el viaje que hice el año pasado y el plan para este año. 去年（きょねん）の旅行と今年の旅行プランについて書（か）くことができます。	

CO = Comprensión Oral（聞く）　IO = Interacción Oral（口頭でのやり取り）　EE = Expresión Escrita（書く）

CEFR 参照ポイント③

「自己評価の最大の可能性は、それを学習者の動機付けや意識を高めることに使うことにある。学習者が自分の長所に気づき、弱点を認識し、学習の方向付けをさらに効果的なものにする手助けをすることである。」（吉島・大橋他訳編2004）

（⇒参照　CEFR 9.3.13）

2 『初級日本語　げんき』を使った実践例

《機関》	大学（日本学専攻課程）（ドイツ）
《レベル》	A2～B1（初級後半）
《使用教科書・該当課》	『初級日本語　げんきⅡ［第2版］』「読み書き編」第22課（The Japan Times）
《カリキュラム》	・各課を2回で終了：1回（90分）×2回＝計180分 ＊課によっては授業回数が変わる場合もあるが、原則2回で終了。

《コースの目標》	【読む】 ・ より正確に、ひとまとまりの文章を理解することができる。 ・ テキストタイプおよび内容によって、どのような読み方（例：トップダウン、ボトムアップなど）が適切かを意識できる。 【書く】 ・ 日常的／個人的なテーマについて、段落のある文章で表現することができる。 ・ テキストタイプに適した文体や表現の使用を意識することができる。 【言語知識：文字（漢字）】 ・ テキストの理解と併せた漢字の学習ができる。 ・ 既習漢字による漢語の意味の推測力を高めることができる。 ＊ここに紹介しているのは「読む・書く・文字（文字言語）」の学習を目的とした科目の実践例です。この実践を行った機関の専攻課程には、この他に「文法」および「話す・聞く・やり取り（口頭言語）」という科目もあります。
《トピック／テーマ》	日記
《課の目標》 （課題）	【読む】 登場人物の関係について整理しながら、必要な情報を抽出することができる。 【書く】 自らストーリーを展開させ、それを文章化（常体使用）することができる。
《活動形態》	ペア、グループ（3〜4人）、クラス全体（15〜30人）
《所要時間》	3時間

1. 目標

【「読む」の目標】

「基礎的な言語使用者」であるA2から「自立した言語使用者」であるB1への橋渡し期であるこのレベルでは、一学期間を通して、大意・概要の理解から一歩前進し、テキストを正

確に理解できるようになること、将来的に学習者が自立して自分の「読む」目的に合わせた読み方ができるような力を育てることを目指したコースデザインが行われています。そのために、「誰が（書き手）」「何のために（目的）」書いたテキストであるかを意識した読み方（推測しながら読む、知りたい情報を抽出しながら読む、など）を活動や指導に取り入れています。

【「書く」の目標】

日常的／個人的なテーマの文章を書くという能力は CEFR の A レベルに共通するものですが、B1 レベルへの橋渡し期であるこのコースでは、「段落」を意識した文章の作成へとレベルアップしていくことを目標としています。また、上述の「読む」と同様、「誰に対して（読み手）」「何のために（目的）」書くのかということを意識しながら文章を作成する活動を取り入れることによって、文体や表現や伝え方（ストラテジー）を選べる力を身につけることを目指しています。

【「言語知識（文字）」の目標】

上記の「読む」「書く」の目標を達成するためには、「言語知識」として文字（漢字）の知識が必要となります。この実践では、文字を単体として学ぶのではなく、文字の役割や機能を意識しながら文字学習を進めていく力の育成を目標としています。また、これまでの知識をフル活用しながら新しい漢語の推測を行うなどして、学習能力を身につけていくことも目指しています。

2. 活動

実際の活動については、例えば次ページのように進めることができます。

授業活動 1回目	【「読む」中心】 1.《課の目標【読む】》を共有［クラス全体］ 2. 概要の把握と文字・語彙の確認［グループワーク］ 　◆「友美さんの日記」（〈使用マテリアル〉参照）の並べ替え活動 　　（3〜4人グループ） 　①5日分の日記をバラバラに切り離したカードを配布。 　　＊教科書のテキストにある日記の冒頭の日付は消しておく。 　②日記が書かれた順番にカードを並べ替える。 　　＊辞書と教科書の使用は禁止。 　③日記の順番が正しいかどうかを教科書で確認。 　④教科書や辞書を頼りに語彙と文字の確認。 　　＊ここで初めて辞書の使用を許可。 3. 登場人物の理解［グループワーク］ 　◆人物相関図とプロフィールの作成（3〜4人グループ） 　①4人の登場人物の人物相関図を作成する。 　②登場人物一人ひとりについてプロフィールを書き加える。 　　・住まい、職業、年齢などを単語／短文で書く。 　　＊登場人物の関係性やプロフィールをまとめる作業を進める中で 　　　文章を何度も読み返すことによって「精読」作業となる。 　③登場人物一人ひとりの性格を書き加える。 　　・登場人物の行動やプロフィールから性格を推測する。 　　・不足している語彙は教師や辞書の助けを借りる。 　　＊相関図（プロフィール付き）にイラストを描かせると、より臨 　　　場感があふれたものが完成する。イメージに合う俳優やクラス 　　　メートの名前を付記すると、より盛り上がる。 4. 成果物の共有［クラス全体］ 　①他のグループの人物相関図を閲覧して回る。 　②互いに感想や意見を述べ合う。（母語などの使用可） 5.《課の目標【読む】》を再確認［クラス全体］
2回目	【「書く」中心】 1.《課の目標【書く】》を共有［クラス全体］ 2. テキストの正確な理解［個人作業・グループワーク］ 　◆「友美さんの日記」を各自黙読 　①友美の日記を各自黙読する。［個人作業］ 　②教科書の設問（○×問題）に取り組む。［個人作業］ 　③②の確認：何月何日の日記に設問の答えが示されているかをクラ 　　スメートとチェックする。［グループワーク］

	3. 日記の作成［グループワーク］ ◆ もう1つの日記の作成（2〜3人グループ） ① 日記の文体（「だ・である体」）の確認。 ② 教科書の主人公・友美以外の3人の登場人物から1人を選び、友美の日記と同じ日付の、5日分の日記を作成する。（ワークシート配布） 　＊この作業は、軸となる友美の日記（教科書の文章）が正しく理解できていなければ行えない。また、1回目の授業で行ったプロフィール作成も大いに役に立つ。同じ出来事に対して、立場が変わると、全く違った解釈や感情が生まれるため、グループ内での話し合いも活発になる。 ③ 提出前に「助詞、文字、活用形」のミスがないかどうかをチェックする。 4.《課の目標【書く】》を再確認［クラス全体］ 5.《課の目標【読む】【書く】》のセルフチェック［個人作業］
宿題	◆「2か月後の日記」の作成［個人作業］ 4人の登場人物の中から1人を選び、その人物の2か月後の日記を書いてくる（〈配布ワークシート〉参照）。

　社会に参加する言語使用者には常に「目的」があります。「読む」活動の場合だと、例えば「生活情報の確認をする（スーパーのチラシ）」「友人の近況を知る（メール）」「社会の動向を知る（新聞）」「新たな知識を得る（専門書）」「楽しむ（小説）」など、読者にはそれぞれの目的があるはずです。そして、「どのように読むか」という方法は、それらの目的によって異なってきます。情報獲得のためには拾い読みをするかもしれませんが、知識獲得のためには熟読をするかもしれません。このように、目的に適した読み方を知り、トレーニングすることは、学習者が社会に参加するために必要な能力を身につけ、強化していくこととなります。

> **CEFR 参照ポイント①**
> 　この「読む」活動では、人物関係を正確に把握しながらストーリーを理解し、楽しむための読み方を身につけることを目指して、活動を展開しています。

（⇒参照　CEFR 6.1.4.1 e)）

学習者は小説を読みながら登場人物の関係性を類推したり、登場人物像をイメージしたりすることを、学習言語である日本語以外の言語（母語など）でもすでに経験していると思われます。上記の授業活動では、そのような活動を学習言語（日本語）を用いて行うことで、学習者の複言語・複文化能力がより活性化されることを目指しています。また、このようなテキストを理解する際に必要とされる登場人物の把握という作業は、言語の種類に関わらず共通したものであるため、日本語能力の低い学習者も授業活動に参加しやすくなります。

> **CEFR 参照ポイント②**
>
> これまでの経験や知識をフル活用しながら新しい言語の学習が行えるような活動や指導を通して、複合的な学び方を身につけていくことが期待されます。

（⇒参照　本書第一部 Q.6, Q.7、CEFR 5.1.4, 6.4.6.5）

学習者が問題を抱えている際、教師が答えを与えれば問題は容易に解決されますが、わからないことを学習者同士で解決していくという活動を積極的に取り入れることによって、学習者の問題解決能力や自律学習能力はぐんと向上していきます。このような学びの習慣は、授業の外で日本語が使用される社会に参加（SNS への参加など）していく上でも役に立つものです。なぜなら、そうした社会には、問題を解決してくれる教師のような存在が必ずしもいるとは限らないからです。

> **CEFR 参照ポイント③**
>
> CEFR のいう「社会で行動する者（social agents）」の一人として社会に参加していく上で、自律的に問題を解決できる能力は欠かせないと考え、この授業活動においてもグループでの問題解決型の活動をたくさん取り入れています。

（⇒参照　本書第一部 Q.18, Q.21、CEFR 5.1.4, 6.3.5, 6.4.6.5）

第 1 章　CEFR を参照した実践例 1 ｜ 123

〈使用マテリアル〉「友美さんの日記」の並べ替え用カード

___月___日（　　）
　研一に会いに東京に行った。彼が東京の銀行に就職してからもう二年がたつ。大学の時は毎日会っていたのに、今は私が東京に行ったり、彼が大阪に来たりして一か月に一回ぐらいしか会えない。夏子はいつも私たちのことをうらやましがっているけど、東京まで会いに行くのは大変。早く大阪に帰ってきてほしい。

___月___日（　　）
　今日は研一が大阪に来て、夕方お酒を飲みに行った。研一は相変わらず仕事が忙しそうだ。研一の同僚の黒木さんが彼女を探していると聞いた。東京に行った時、研一に紹介してもらったけど、すごくおもしろくていい人だ。黒木さんは夏子のように静かな人がタイプかもしれない。今度二人を会わせようと思う。夏子が東京に行った時、研一が黒木さんを紹介する予定。うまくいくといいけど。

___月___日（　　）
　今日の夏子はちょっと変だった。東京のことを聞いてみたが、あまり話してくれなかった。黒木さんに急に用事ができて、会えなかったと言っただけで、後は話したくなさそうだった。夜、研一に何度も電話したけど、出なかった。研一ならいろいろ教えてくれると思ったのに、残念。仕事が忙しいんだろう。でも、週末は大阪で会える。今から待ち遠しい。

___月___日（　　）
　今日も残業で疲れた。それに「急に出張が入って大阪に行けなくなった」という研一の伝言が留守番電話に残されていた。なんだか落ち込んでしまった。仕事だからしかたがないけど。
　帰る時、駅のホームで夏子を見た。男の人と一緒に楽しそうに話していた。顔は見えなかったけど、背が高い男の人だった。彼ができたのかな。どうして私に言ってくれないんだろう。親友なのに。

```
　　月　　日（　　）
今日研一から手紙が来た。……

友美へ
　友美に手紙を書くのは本当にひさしぶりだね。ぼくは友美にうそをついていた。ずっと言わなきゃいけないと思っていたんだけど、勇気がなくて今まで逃げていた。うまく説明できるといいんだが……。夏子さんが東京に来た時、黒木は急に用事ができて、来られなくなってしまった。それで、ぼくが代わりに二日間東京を案内してあげたんだ。美術館に行ったり、東京ディズニーランドに行ったりして、楽しかった。彼女が大阪に帰った後も、彼女のことが忘れられなかった。先週の週末、「出張で大阪に行けない」と言ったけど、本当は大阪で夏子さんに会っていたんだ。
```

（『初級日本語　げんきⅡ［第2版］』pp. 339-340 を一部加工）

〈学習者たちが作成した人物相関図の一例〉

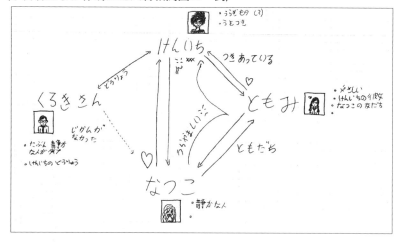

〈配布ワークシート〉

```
＿＿＿＿＿＿＿さんの日記

三月二十一日（日）
＿＿＿＿＿＿＿＿＿＿＿＿＿＿＿＿．
＿＿＿＿＿＿＿＿＿＿＿＿＿＿＿＿．
＿＿＿＿＿＿＿＿＿＿＿＿＿＿＿＿．

四月二十三日（金）
＿＿＿＿＿＿＿＿＿＿＿＿＿＿＿＿．
＿＿＿＿＿＿＿＿＿＿＿＿＿＿＿＿．
＿＿＿＿＿＿＿＿＿＿＿＿＿＿＿＿．
```

3. 評価

　CEFR実践では、評価を行うのは教師だけに限りません。学習者も主体的に評価に参加します。そのため、毎回の授業の最初と最後に「今日の目標」を教師と学習者で共有し、また、各課終了ごとに「課の目標」を確認し、学習者はセルフチェックを行います。その積み重ねから、学習者も教師も「学習の目標（何のための学習か）」に対する意識が徐々に高まり、自己評価の習慣化が進みます。

　また、評価結果を目に見える形で残すために、成果物や宿題の作文はセルフチェックシートとともにすべてファイリングします。作文などで書き直し等がある場合も、最初に書いたものから最後に完成させたものまですべてをファイリングしていきます。このファイルは、学期終了時の振り返りや試験対策にも大変役立ちます。このように、日ごろからグループ／ペアで作成した成果物について、他の学習者からフィードバックを得たり、

他の学習者にフィードバックを与えたりすることを繰り返すことによって、自律的に問題解決を行う習慣化が図られ、問題解決能力の向上へとつながっていきます。その際、学習者の段階に応じてフィードバックのポイントを明確にします。フィードバックのポイントが不明瞭だと、学習者は何をどのように修正すればよいか判断しづらく、自分の進捗状況がよくわからないため達成感も得にくくなるからです（例：提出前に「助詞、文字、活用形」のミスがないかどうかをチェックする）。学習者の学習段階に応じてフィードバックのポイント項目を増やしていくことで、自分の学びに対する視点を広げていくことも可能となります（⇒ Q.35 参照）。

〈セルフチェックシート〉

		Ich kann… （私は・・・できる）	gar nicht （全然できない）			sehr gut （十分できる）
L22	Lesen 読む	★ Beziehungen der Hauptpersonen im Text verstehen 登場人物の関係が理解できる				
		☆ wichtige Informationen aus einem Text entnehmen 必要な情報を抽出することができる				
	Schreiben 書く	★ eine Geschichte entwickeln und verfassen ストーリーを展開させ、文章化することができる				

＊オリジナルはドイツ語のみ。日本語訳は本書のための加筆。

第2章
CEFRを参照した実践例2
課題別実践例

右のイラストは第一部 Q.17 で示した「行動中心アプローチ」とは何かを示したものです。教室活動を考えていく時には、まず「何をするために言語を使うのか」、そして「言語を使って何ができるか」を考えていかなければなりません。同じく第一部 Q.19 では学習の目的が社会で学習者が遂行する課題で示され、その課題が大きい課題から小さい課題へと階層的になり、授業がつくり上げられていることを説明しました。また、その課題が、学習者

の興味と密接な関連づけがあればあるほど、その成果は学習者にとって大きな意味を持つことになります。そして、それは学習者の動機づけとなり、次への学習意欲を駆り立てていくことになります。

ここでは、言語活動、文化教育に関し、どのような実践が行われているかを、授業の流れ、具体的な教材と併せて6つ紹介します。

❶と❷の実践は、読む活動で、2つとも現実に使われているテキストをそのまま読んでいきます。❶は情報を取り、それに基づいて行動するための読解活動で、❷は趣味の世界を楽しみながら、文化教育も視野に入れた読解活動です。

❸は、書く、話すの両方の産出活動です。フィールドワークから得た自

分の経験を社会に向けて発信します。

❹は、口頭のやり取り活動です。フィラーやあいづちなどを使って、より自然に日本語でコミュニケーションができるようになるための活動です。

❺と❻の実践は、翻訳の仲介活動です。❺は単なる言葉の置き換えではなく実務的な翻訳ができるようになるための活動で、❻は社会貢献のための翻訳活動です。

❶ 受容活動：読む「法務省の Web サイト」

《機関》	大学（日本学専攻課程）（ベルギー）
《レベル》	A2 を修了し、B1 に入ったところ（初級修了程度）
《活動形態》	個人・ペア・グループ
《所要時間》	40 分

　読解の授業実践の一例を紹介します。これは日本学専攻課程の大学生を対象とした授業で、学習者のレベルは A2 を修了し B1 に入ったところ（初級修了程度）です。

【学習目標（課題）の設定】

《学習目標》（課題）	日本の法務省の Web サイトを読んで、ビザ申請の手続きができる

　この実践では、目標を考えるにあたって、学習者にとって具体的で、活動の結果がすぐに学習者の現実の生活に結びつくものは何かという点を重視しました。そして、「日本の法務省の Web サイトを読んでビザ申請の手続きができる」と設定しました。この読解課題は、このモジュールのテーマである「国際交流委員として1年間、県庁にインターンシップに行く」を実現するための1つの課題という位置づけになっています。日本学専攻課程の学習者のほとんどは日本で勉強や仕事を希望しており、以下の2

点から見て、現実的で意義深いものであると考えました。

- 日本に3か月以上滞在するにはビザを取得する必要があり、そのためには必ず読まなくてはならないテキストで、学習者が将来目にする可能性が高いこと。
- 何か日本で手続きをする場合は、同じテキストでなくとも、似たようなテキストを読まなくてはならないこと。

> **CEFR 参照ポイント①**
> 学習者を「社会で行動する者（social agents）」と捉える行動中心的な考え方では、学習者にとって身近で現実的であり、その活動成果をはっきり認識できるような課題を設定します。

(⇒参照　CEFR 4.1, 7.1)

【読解教材の選択】

《読解教材・補助教材》	法務省のWebサイト「特定活動3」 ＊補助教材を教師は準備しない。 ＊学習者の能力・リソースを自由に活用する。

　この課題を達成するために、学習者は法務省のWebサイト[1]の「特定活動3」（〈資料1〉）を読んで自分に必要な情報を得なくてはいけません。そこで、このWebサイトのページが読解教材となります。しかし、実際のWebサイトに使用されている表現・語彙は、A2修了レベルの学習者には高度なものです。生教材には、当然、待遇表現、各分野での特徴的な言い回し、表現など、学習者の知らない言葉や漢字が使われているものがほとんどで、それらの未習項目は語彙表や練習問題などの補助教材を教師が作成し、前もって指導することが多いと思います。しかし、学習者は現実社会では知らないことに遭遇しても、自分で対処し解決していかなくてはいけません。そこで、授業でも、これらの項目を未習のまま読解活動を始め

1　法務省 <http://www.moj.go.jp/ONLINE/IMMIGRATION/ZAIRYU_NINTEI/zairyu_nintei10_21_03.html>

ることにしました。読解活動の過程で、学習者自身が自分にとっての問題点を認識し、そのつど自分の能力と手持ちのリソースを駆使して解決策を講じていくという形態で授業を進めていくことにしました。教師は必要に応じて、読み方の助言を与えるなど、手助けをしていくことにしました。

> **CEFR 参照ポイント②**
>
> 実生活につながる課題遂行を念頭に読解教材を選ぶのであれば、日本語学習者のために書き下ろされたものではなく、実社会で実際に使われているもの、いわゆる生教材を使用することが理想的です。

(⇒参照 CEFR 6.4.6.3)

【授業活動】

《授業活動》	・インターンシップで日本に1年間滞在するため、法務省のWebサイトを見てビザ申請に必要な書類を集めることができる ・行政文書を読むコツを知る

　この実践の読解教材には、多くの未習漢字、独特の表現があり、難易度が高いテキストといえます。しかし、テキストの難しさと活動の難しさは必ずしも一致しません。読解授業の難易度は、このテキスト自身の難易度だけに依存するのではなく、このテキストでどんな課題が達成できるのか、という点にも深く関わってくるからです。今回の活動は、ビザ取得に必要な情報を集めるための読解であり、熟読ではありません。つまり、この課題のためにテキストがわかるというのは、すべての表現や漢字がわかり、正確に翻訳できることではなく、重要でない部分は無視して読み進めていくということになります。そこで、B1習得中の学習者にも可能であり、かつ実践的な2つの教室活動を設定しました。

・テキストから課題達成（1年間インターンシップで日本に滞在するためのビザを取得する）に必要な情報を読み取ることができる。
・必要な読解ストラテジーを知り、使用することができる。

> **CEFR 参照ポイント③**
>
> 以下のように CEFR 第四章の言語活動とストラテジーのグリッドを引用して考えることで、授業の目的・活動をより明確化することができます。

(⇒参照　CEFR 4.4.2.2, 4.4.2.4)

CEFR 例示的能力記述文：受容活動と方略

（筆者邦訳、下線は筆者）

	行動の仕方を決定づけるための読み
B1	探している情報の記載箇所を見つけるために長いテクストにざっと目を通すことができ、テクストのさまざまな箇所や別のテクストから、特定の課題を達成するために情報を集めることができる。
A2	手紙、パンフレット、短い公文書のような日常的な文書から妥当な情報を見つけ、理解することができる。 広告、メニュー、参考書リスト、時刻表などの単純で日常的な資料から特定の予測可能な情報を見つけることができる。 リストから特定の情報の記載箇所がわかり、探している情報を抜き出すことができる（例えば、『イエローページ』を使ってサービスや職人を見つける）。

	手がかりを特定することと推測すること（口頭と筆記）
B1	自分の領域や興味に関連するテーマについて文脈の助けを借りながら知らない言葉の意味を類推できる。 テクストのテーマが身近なものであれば、文脈から知らない言葉の意味を類推し、文の意味を推測することができる
A2	具体的で日常的な主題の短いテクストや発話の全体的な意味を、知らない言葉のおおよその意味を文脈から類推するために使うことができる。

この授業では、リストから情報を選ぶことができ（A2）、長いテクストに目を通して課題遂行に必要な情報を得ること（B1）を目的として、語意の推測を活動の中に取り入れることにしました。

法務省サイトを読む学習者たち

【授業の流れ】

大きい課題	課題	小さい課題	活動
国際交流委員として1年間、県庁に研修に行く	研修先からのメールを読み、ビザ取得の情報が得られる	日本滞在に必要な項目を知る	・メールを読む〈教材1〉 ・法務省のWebサイトを開く〈資料1〉
	法務省のサイトから必要な情報が見つけられる	トピックの把握	・サイトの1行目を読む
		自分に必要な箇所を見つける	・見出しの部分に目を通す ＊スキャニングの使用
		必要書類の手配を進める	・本人が準備するもの、大学／研修先に頼むものに分類 ＊辞書の使用、語彙の類推
			読解ストラテジーの共有 ・わからない漢字・単語などの対処法に関して意見交換 ＊理解のプロセスを共有
			読解ストラテジーの練習〈教材2〉

　この授業では、大きい課題として「国際交流委員として1年間、県庁にインターンシップに行く」があり、それを達成するための課題が設置されています。実際のコースでは、ここに挙げた2つの課題の他にさまざまな課題があり、それらすべてを行うことで、大きな課題が達成されることになります。

　授業には、学習者にコンピュータを持参してもらいました。そして、自然で現実的な流れを保てるように、研修先からのメール〈教材1〉を学習者が授業で初めて見つけるタイミングで送付し、授業で開けてもらいました。場面としては、自宅で研修先からのメールを見つけたという設定です。そして、そのメールの内容に基づき、ビザ取得の手続きを行っていきます。また、ここでは触れていませんが、ホームステイ先を探すという活動もつくっています。その後は、成田空港で入国審査を受け、市役所で住民登録をし、研修先の初日に自己紹介をした後で、実際の広報活動を行う

という流れで進めます。

　法務省のWebサイトの読解では、トピックの把握、自分に必要な箇所を見つける、必要書類の手配を進めるという3つの小さい課題があり、各課題を遂行するための活動がそれぞれにあります。その活動は、ビザ取得に関する情報収集の読解活動と、行政文書の読解ストラテジー学習に分けられます。

　教師側は、公文書の読み方の読解ストラテジーとして、

(1)　全体的なトピックを理解するために1行目を読む
(2)　見出しを参考に、自分が探している情報の記載箇所を探す
(3)　得た情報を参考に具体的な行動をする

の3点を、様子を見ながら提案しました（〈資料1〉の囲み部分を参照）。

　また、漢字・語彙の類推を行ったり、公文書の特徴に気づく活動も行いました。読んだ後は、学習者同士で意見交換を通してお互いに用いたストラテジーを出し合い、共有化を図りました（〈教材2〉）。

> **CEFR参照ポイント④**
> 行動中心アプローチによる授業は、課題で構成されます。目標が一番大きい課題となり、その目標を達成するための課題があり、またその課題を達成するための小さい課題があります。学習者は小さい課題から順番に取り組み、積み上げていくことによって、学習目標の達成を目指します。実際の教室活動では、読んでから考える、読んでから行動するといった自然な流れをできるだけ現実に即して展開します。

(⇒本書第一部 Q.19参照)

【参加学習者からのフィードバックとまとめ】

　難易度の高いテキストを読む活動を、学習者はどのように感じたのでしょうか。学習者からのフィードバックを以下に紹介します（原文はオランダ語、訳は筆者）。

⑴ （法務省の）ページを開けて、たくさんの漢字を目にした時、ショックだったが、すぐ立ち直った。
⑵ 日本語の授業で普通習わないことだけど、日本に行く時に知っておく必要がある。
⑶ 3年生のあとで私たちも日本に行く。その時にどんなことがあるか今大体知っているのはいいと思う。
⑷ これから役に立つと思う。インターンシップのためだけではなく、特に留学の申請の準備のために。
⑸ たくさんの漢字を見てとてもよかったと思う。現実的な場面に身を置いて、全部の能力を使わなくてはならなかったから楽しい。
⑹ インターンシップやそのために特に知らなければならないことについて、日本語のサイトでも情報の検索の仕方を習ったのは面白かった。いつかある日、私たちは実践しなければならないだろう。そして、その時にすべて自分で調べなくてもいいことを知っているのはうれしい。

　テキストの難易度が高くても、現実的であれば学習者は達成感が得られることがうかがわれます。また、フィードバックの内容から、この活動が学習者にとって現実的で、課題を身近に感じていたことが見て取れます。これらのことから、課題が現実的で教材が本物であることが、学習者の動機づけに大きな影響を与えていることがわかります。その動機づけの裏側には、自分がこれから遭遇するどの場面で役に立つのか、具体的に意識化できていることがあるでしょう。教師は、それを念頭において、課題を設定するのと同時に、意義が伝わるように場面を整えたり、シミュレーションのような活動を取り入れていくことも意味があると思います。実際、このクラスでは、入国管理局や、研修先初日の自己紹介を寸劇のように行いました。また、教材に関して、必要であれば、自分に合ったタスクシートを学習者自身が作れるような指導をしていくことも必要でしょう。それは、自分は何が、どうしてわからないのかをモニタし、自分の言語能力を客観的に見据える学習能力の育成に通じると考えます。

〈教材1〉 研修先からのメール

From: XXX
Sent: XXX
To: XXXX
Subject: ご連絡　神奈川県県庁「桜木」

XXXXX 様

神奈川県　県民局くらし県民部　国際課　桜木と申します。

この度は、2015年4月から当県庁でインターンシップをしていただくこととなりましたので、入国の手続きおよび滞在に関する情報をご連絡します。以下のホームページをよくご覧になって準備を進めてください。

当県庁ホームページ
http://www.pref.kanagawa.jp/div/0215/

法務省
http://www.moj.go.jp/ONLINE/IMMIGRATION/ZAIRYU_NINTEI/zairyu_nintei10_21_03.html

ホームステイ関係
http://www.homestay-in-japan.com/program/homestay.html

県の観光関係
http://www.tripadvisor.jp/Attractions-g298168-Activities-Kanagawa_Prefecture_Kanto.html

今後の手続きや、ご質問は、担当の村井裕直にお願いします。
では、職員一同お待ちしております。尚、初日に簡単な自己紹介をしていただく予定ですので、よろしくお願いいたします。

神奈川県　県民局くらし県民部　国際課
課長　桜木三子
・・・・・・・・・・・・・・・・・・・・・・・・・
〒231-8588
横浜市中区日本大通1

136 | 第二部　実践編

〈資料1〉　法務省のWebサイト　　（教師、1行目と見出しを囲みで強調）

法務省 MINISTRY OF JUSTICE

文字の大きさ　拡大　標準
色変更・音声読み上げ・ルビ振り

🏠トップページ　🗺サイトマップ　📋業務支障情報　🌐ENGLISH　　　　　　　🔍検索　詳細検索

トップページ > 行政手続の案内 > 出入国管理及び難民認定法関係手続 > 在留資格認定証明書交付申請 > 日本での活動内容に応じた資料〔在留資格認定証明書交付申請〕> 在留資格「特定活動」(例、外交官等の家事使用人、アマチュアスポーツ選手及びその家族、インターンシップ、特定研究活動、特定情報処理活動等）の場合 > 特定活動3

特定活動3

外国の大学生が，インターンシップ（学業等の一環として，我が国の企業等において実習を行う活動）を希望する場合

外国の大学生が，サマージョブ（学業の遂行及び将来の就業に資するものとして，夏季休暇等の期間（3月を超えない期間）を利用して我が国の企業等の業務に従事する活動）を希望する場合

外国の大学生が，国際文化交流（大学の授業が行われない月を超えない期間，我が国の地方公共団体が実施する国際文化交流事業に参加し，日本の小中学校等において国際文化交流に係る講義を行う活動）を希望する場合

※「インターンシップ」，「サマージョブ」又は「国際文化交流」としての活動を行う外国人の方の要件及びその方を受け入れる機関については，こちらの法務省告示に定められておりますので，ご参照願います。

提出書類

※ 申請人とは，日本への入国・在留を希望している外国人の方のことです。
※ 日本で発行される証明書は全て，発行日から3か月以内のものを提出してください。

共通の書類

1　在留資格認定証明書交付申請書　1通
※地方入国管理官署において，用紙を用意してます。また，法務省のホームページから取得することもできます。

2　写真（縦4cm×横3cm）　1葉
※申請前3か月以内に正面から撮影された無帽，無背景で鮮明なもの。
※写真の裏面に申請人の氏名を記載し，申請の写真欄に貼付して下さい。

3　返信用封筒（定形封筒に宛先を明記の上，392円分の切手（簡易書留用）を貼付したもの）　1通

4　申請人の在学証明書　1通

5　身分を証する文書（身分証明書等）　提示
※上記5については，代理人，申請取次者若しくは法定代理人が申請を提出する場合において，申請を提出することができる方かどうかを確認させていただくために必要となるものです。

以下は，インターンシップの場合に必要な書類

6　申請人が在籍する外国の大学と日本の受け入れ機関との間で交わしたインターンシップに係る契約書の写し　1通
7　申請人が在籍する外国の大学からの承認書，推薦状及び単位取得等教育課程の一部として実施されることを証明する資料　1通
8　申請人の日本での活動内容，期間，報酬等の待遇を記載した資料　1通
9　申請人のインターンシップでの過去の在留歴を明らかにする資料　適宜
※過去にインターンシップで日本に在留したことがない場合は，その旨を文書（書式自由）にして提出してください。
10　申請人の在籍する大学の修業年限を明らかにする資料　適宜

以下は，サマージョブの場合に必要な書類

11　申請人の休暇の期間を証する資料　1通
12　申請人が在籍する外国の大学と日本の受け入れ機関との間で交わした契約書の写し　1通
13　申請人の日本での活動内容，期間，報酬等の待遇を記載した資料　1通

以下は，国際文化交流の場合に必要な書類

14　申請人の休暇の期間を証する資料　1通
15　申請人と日本の受け入れ機関との間で交わした契約書の写し　1通
16　地方公共団体が作成した外国の大学生を受け入れるための要件（法務省告示第15号の別表4に定める要件）を満

行政手続の案内メニュー

- 公益法人・公益信託関係手続
- 外国法事務弁護士関係手続
- 弁護士資格認定制度関係手続
- 債権回収会社（サービサー）関係手続
- 認証紛争解決サービス（かいけつサポート）関係手続
- 戸籍関係手続
- 国籍関係手続
- 後見登記関係手続
- 不動産登記関係手続
- 商業・法人登記関係手続
- 電子公告関係手続
- 動産譲渡登記関係手続
- 債権譲渡登記関係手続
- 電子証明関係手続
- 供託関係手続
- 更生保護法人・更生保護事業関係手続
- 出入国管理及び難民認定法関係手続

その他のメニュー

- 大臣・副大臣・政務官
- 広報・報道・大臣会見
- 法務省の概要
- 所管法令等
- 資格・職員採用
- 法務省政策会議
- 政策・施策
- 政策評価等
- パブリックコメント
- 調達公告
- 白書・統計
- 予算・決算
- 政策講演情報
- 情報公開・公文書管理・個人情報保護
- 法令適用事前確認手続
- オンライン申請
- ご意見・ご提案
- 相談窓口

〈教材2〉 読解ストラテジー練習　　　（自主作成教材より一部を抜粋）

「お役所言葉」に強くなろう！

● キーワード→　🖉　自分でキーワードだと思ったものをリストにしてみよう。
　例）申請（しんせい）　申請する　申請人　申請書

● 造語力のある接頭辞、接尾辞→　🖉　どんな意味か考えてみよう。
1）在 ⇒
　・在留　在学　在籍
2）先 ⇒
　・受け入れ先　研修先　ホームステイ先　アルバイト先　提出先

お役所言葉の特徴1：漢字ばかりで長い言葉が多い！
🖉　どこで切るか考えてみよう。

　　　　在留資格認定証明書交付申請書

お役所言葉の特徴2：「固い」表現を好む。
🖉　以下は文中に出てきた言葉。言い換えられる表現を線でつないでみよう。
　　他にも見つかったら書き足そう。

　　　　◆取得する　　　　　◆AかB
　　　　◆A及びB　　　　　◆一枚
　　　　◆一葉　　　　　　　◆とる、もらう

お役所言葉の特徴3：名詞化と名詞修飾がわからないと苦労する。
● 名詞修飾の構造→　🖉　訳してみよう。
申請人が在籍する外国の大学と日本の受け入れ機関との間で交わしたインターンシップに係る契約書の写し

● 名詞化
🖉 [ ] を適当な言葉で埋めてみよう
　申請する人がインターンシップで過去に日本にいたことがあるということを
　証明する書類
→ [　　　　]のインターンシップ [　　　]過去 [　　　] 在留歴

● 表現→　🖉　以下の表現がどこに出てくるか探してみよう。また、意味を
　　　　　　　考えてみよう。
　…に係る（係わる、関わる）

受容活動：読む・異文化理解教育「漫画『ブリーチ』」

《機関》	一般講座（英国）
《レベル》	初級終了以上（日本語能力試験：N4、CEFR：A2）程度 「普通体」「命令形」「意向形」学習済みが望ましい
《活動形態》	グループ
《所要時間》	3時間半
《対象者》	アニメ・マンガが好きで日本語で見たい／読みたいと思っている人

　近年、漫画が好きな学習者が急増しており、そのような学習者のための授業をやってみようと考える教師／機関も多いのではないかと思います。ここでは、筆者が実施した、人気漫画『ブリーチ』を使った特別講座「『ブリーチ』を読む」の授業を紹介します。

【学習目標（課題）の設定】

《学習目標》 （課題）	日本語オリジナルの漫画を楽しめる

　一言で「漫画を読む」といっても、いろいろな学習活動があります。「漫画を使って日本語を学習する」ものや、「漫画そのものを読む」ものなどです。この2つは漫画を使うという点では共通していますが、そこで使用される日本語には大きな違いがあります。前者は、例えば会話例を漫画を使って導入するようなもので、そこで使われる日本語は俗語も隠語も含まれない、いわゆる教科書の日本語です。一方、後者は、俗語や隠語も含まれ、日本語教育では上級になっても現れないものが、冒頭から出てきます。『ブリーチ』第1巻、第1話の最初のセリフは「この辺りか…成程…強い魄動を感じる…」です。これを見ただけでも、「漫画を使って日本語を学習する」のと、「漫画そのものを読む」のが、全く違う意味を持った言語教育であることがわかります。

　この特別講座では、「日本語オリジナルの漫画を楽しめること」を活動の目標として、「漫画そのものを読む」活動を行うこととしました。です

から、「魄動（はくどう）」も、「尸魂界（ソウル・ソサエティ）」も、「虚（ホロウ）」も逃げずに学習します。なぜなら、この「漫画を読む」という行為は、「言語」よりも、漫画の「内容」が重要になる行為だからです。漫画を読むのに、わざわざ原書で読まなくても、翻訳でも十分だという意見もあります。しかし、「漫画を日本語で読む」という希望を持つ学習者は、たとえ日本語のレベルが高すぎたとしても、自分の好きなものについてより深く知りたいというマニアックな願望があります。そして、このこだわりは、その人を形づくる力となります。このような人格形成に重点を置く言語教育を、筆者は「文化教育としての言語教育」と捉えています。これは言語の学習以上に、自己形成の一環であると考えることができます。

> **CEFR参照ポイント①**
>
> CEFRが依拠する「複言語・複文化主義」から解釈すると「文化教育としての言語教育」の目標は、「自分の好きなものをより深く理解することで、これらの文化・言葉を自分の文化・言葉に変え、自己を新しいものにしていくこと」といえると思います。実践的な立場から見ると「英訳を頼りに、『ブリーチ』第1巻、第1話を日本語でだいたい理解できる」は一見役に立たないような趣味の授業ですが、CEFRの観点からは、文化的な多様性を尊重し、多様な文化的視点をもたらす活動となります。

【教材の選択】

《テキスト》　　　　　『ブリーチ』（集英社）　第1巻、第1話

　この授業は内容重視の授業ですから、やはり参加者から人気のある漫画を選ばなければなりません。「わかりやすい日本語で書いてある」とか「日本文化がわかる」といったような日本語教育からの視点ではなく、完全に学習者が個人的に「好きなもの」から選ぶ必要があります。日本貿易振興機構（2011）によると、英国で売れている漫画は、上から順に、『ナルト』『デス・ノート』『ブリーチ』でした。この3つの第1巻、第1話

を読み比べ、比較的文字数が少ない『ブリーチ』を選びました。

【受講対象者】

　上述の通り、『ブリーチ』では「魄動」「尸魂界」「虚」など、通常の日本語教育ではなかなか目にすることのない日本語が並んでいます。とはいえ、この講座を「上級者向け」とするのは、「漫画を読む」行為とあまりにもかけ離れているように思えました。『ブリーチ』は日本の子どもたちも読んでいる漫画です。ですから、それほど高度な言語能力がなくても楽しめる講座にしたいと考えました。ただ、日本語が全くわからない人だと、単語レベルの読解になるので、普通体までを学習した初級終了者以上を対象としました。

　当日、この特別講座の授業には、漫画ファン40名程が集まりました。日本語レベルも予想通り、初級終了程度（A2）から中・上級（B2〜C1）までさまざまでした。

【教材の分析】

　対象を初級終了にしたとしても、『ブリーチ』を初級者がわかるように書き換えることはしません。そこでまず、『ブリーチ』第1巻、第1話のテキスト分析を行いました。「役割語」（金水 2003）、「キャラクタ」（定延 2011）の概念、国際交流基金の「アニメ・マンガの日本語」やその開発者の一人の論文（熊野 2011）などを参考に分析したところ、主人公・黒崎一護や朽木ルキアのセリフを理解するためには、学習者が以下の例のような言語的特徴を知る必要があることがわかりました。

　　人称語：おれ、テメー、貴様、こぞう
　　音変化：かっこいい→かっけー、興味ない→興味ねー
　　文法：何しやがる、動けまい
　　文末表現（キャラ助詞）：行こうぜ、行くぞ
　　特徴のある決まった表現：クソガキ、たわけ

漫画というものは、多くの場面は絵で状況が与えられていますし、セリフは基本的に単文で構成されています。よって、漫画を日本語教育の観点から困難であると見せているのは、奇想天外な世界観を形成する語彙と、上に挙げた登場人物の性格や人間関係を表現する言語的特徴であるといえます。

> **CEFR 参照ポイント②**
>
> 上記のようなキャラクタ語について、CEFR は「異なったテクストの種類のもの、特に小説などを読んだりすることによって…出会うものである」として社会言語能力の一つに挙げています。さらに、このような特別な言葉遣いは「適切に使わないと誤解や物笑いの種になりかねない」と注意を喚起しています。漫画ではそれぞれの表現がストーリーや絵と結びついているため、特別な言葉遣いの留意点について学習者の理解が得やすい教材であるといえるでしょう。　　　（⇒参照　CEFR 5.2.2.4）
> また、CEFR では一般的能力の育成という視点から、「未加工のテキストに直接触れる」ことの大切さにも言及しています。（⇒参照　CEFR 6.4.6.3）

【授業活動】

　対象者には初級終了程度の学習者も含んでいますから、いきなりオリジナルの漫画を読んで理解するという課題は難しすぎると考え、初級終了程度でも、未加工の漫画を楽しめる方法を考えました。とはいえ、今回の授業は3時間程度で終了する必要がある一度きりの特別講座であったために、単語・文法の学習から始めるには時間が足りません。そこで、活動目標を「英訳を頼りに『ブリーチ』第1巻、第1話を日本語でだいたい理解できる」と設定しました。また、活動は教師と行うのではなく、グループでの活動としました。この授業には、初級終了者のみならず、中級、上級者も参加することが予想されたからです。一般的な日本語の授業ではレベル差があると運営が大変な場合もありますが、今回のように同じ趣味を持つ人が集まる授業では、むしろそのレベル差を利用し、お互いがそれぞれの知識を持ち寄って、活動をより楽しむことができると考えました。

> **CEFR 参照ポイント③**
>
> CEFR では、教育現場で課題を与える際に留意すべき点として、「学習者の能力」「条件と制約」「ストラテジー」の 3 点を挙げています。この実践では、一定の時間内に課題が達成できるよう、学習者の漫画に対する積極的な感情や予備知識（スキーマ）を活用しながら、さまざまな日本語レベルの学習者間で学びが進むような学習ストラテジーが用いられています。

(⇒参照　CEFR 7.2, 7.3)

【授業の流れ】

	活動内容	活動形態
1.『ブリーチ』DVD 視聴（30 分）	・英語字幕付きで視聴する ・内容を理解する ・場面ごとのセリフの確認をする	クラス全体
2. アニメ・マンガの日本語の言語的特徴の紹介（60 分）	・普通体、命令形の復習 ・黒崎一護と朽木ルキアの言語的特徴の紹介とクイズ ＊「アニメ・マンガの日本語」サイトを利用（国際交流基金 <http://www.anime-manga.jp>）	クラス全体
3.『ブリーチ』第 1 巻をグループで分析・共有（60 分）	・それぞれ気に入ったシーンのセリフを分析 ＊辞書や英訳本を使用 ・言語的特徴の復習・学習	グループ
4.『ブリーチ』DVD 視聴・確認（40 分）	自分たちが好きなセリフを「鑑賞」	クラス全体

1. 『ブリーチ』DVD 視聴

　多くの参加者はすでに知っていたストーリーでしたが、場面ごとのセリフの確認に有効でした。

2. アニメ・マンガの日本語の言語的特徴の紹介

　まず、漫画によく使用される普通体、命令形の復習を行いました。図1の5コマ目は命令形の例で、「見ます」の命令形を確認します。このような顔で言う時は、「あれを見てください」とは言いにくいでしょう。また、図1の4コマ目は音変化の例です。このような喧嘩の場面では、やはり「うるさいです」よりも「うるせえ」が適当でしょう。『ブリーチ』第1巻、第1話には、これらの例がふんだんにありますので、キャラクタの言語的特徴を豊富な例で示すことができました。

　なお、「アニメ・マンガの日本語」サイトを利用したのは、これらの言語的特徴を自分で学習することができることを参加者に示すためです。「アニメ・マンガの日本語」はデータベースであり、系統的に学習するサイトではありませんが、少なくとも漫画を読む際に知るべき言語知識はここで得ることができます。

©久保帯人／集英社

図1　命令形（5コマ目）と形容詞の音変化（4コマ目）の例

3.『ブリーチ』第1巻をグループで分析・共有

　グループになり、それぞれ気に入った場面を取り上げ、そこで使用されるセリフを辞書や英訳本を使いながら分析しました。「言語的特徴の説明」のセクションは、かなりの分量を導入したので、この時間でもう一度確認しながら学習してもらいました。当初はワークシートをつくってセリフを順番に確認してもらおうと考えていましたが、当日の授業では受講者に自分たちが気になる表現から分析を始めてもらいました。「課題」とは、その人やグループにとって本当に必要なものから選ばれるべきなので、自律的な動きであれば、むしろそのほうがいいと思いました。

4.『ブリーチ』DVD視聴・確認

　いくつかの表現を理解した上で、物語を「鑑賞」します。上記3.の分析の時は言語が音声になっていないので、これをDVDでもう一度音声付きの映像で確認することにより、黒崎一護や朽木ルキアがより一層身近に感じられたのではないかと思います。

【実践後の内省】

　今回の特別講座で、受講者たちは教師が期待した以上に、自律的に活動を行ってくれました。これは受講者たちが最も興味のあることに取り組む活動であったからに他なりません。受講者たちの様子を観察していて、どのような活動においても、テキストの難易度や学習項目から一旦離れて学習者の視点から指導内容を決めていくことの重要性を改めて感じました。

　一方、この特別講座の反省点は、3時間半の授業にしては内容が多すぎたことです。ですが、グループ活動は非常に活発で楽しそうだったので、2時間程度の授業を3回ほどに分けてやればよかったかもしれません。複数回の授業を重ねることにより、参加者同士の交流も深まると思われます。

〈3回の授業に分けた場合の例〉
　1回目：DVD視聴、講義
　　　・『ブリーチ』DVD視聴

・アニメ・マンガの日本語の言語的特徴の紹介
　2回目：ワークショップ
　　　・漫画『ブリーチ』を使った言語的特徴の確認
　　　・『ブリーチ』第1巻の読解
　3回目：情報共有、DVD視聴
　　　・グループ同士の情報交換
　　　・『ブリーチ』DVD視聴

【「漫画を読む」活動と異文化理解教育／文化教育との関係】
　CEFRは多言語・多文化地域であるヨーロッパという社会で、異なる言語・文化背景の人間とともに暮らすために必要な言語・文化能力を育成するために開発されています。多言語・多文化環境において、「真剣に」人間関係を形成するには、言語だけでは十分でないことは容易に想像がつくと思います。ここで「真剣に」というのは、街での買い物や簡単な挨拶を超えて、友人、同僚、または恋人、家族として人間関係を構築していくことです。そこでは言語の問題に加えて、文化習慣、価値観の理解が重要になってきます。さらに、人は異なる文化に触れるたびに、自分のあり方も変えていかなければなりません。つまり、一つのアイデンティティのみならず、柔軟なアイデンティティ管理が必要となってくるのです。欧州評議会が目指す言語教育には、機能的に言語でやり取りをする目的とともに、人間関係を形成していくための異文化理解教育・文化教育も含まれています。
　筆者は、「漫画を読む」という行為も、その物語性を自己の文化に取り入れ、新しい自己を形成する文化教育の機能があると解釈しています。特に異文化性の高い漫画というものは、自文化への気づきを促し、異文化との関係性を考えながら、その中で新たなアイデンティティを形成するのに役に立つものだといえます。そして、何より大切なのは、漫画でも音楽でも映画でもいいのですが、「好きだ」というものについてこだわることは、新たな自己発見、自己開発になり、自尊感情につながるということです。この自尊感情こそが、文化や価値観の異なる他者を尊重する基盤になるの

です。文化講座には、同じ趣味・嗜好を持った人をつなげる機能もあり、それを重視する必要もあります。他の言語・他の文化の尊重には、自尊感情が基盤となると書きましたが、そのためには、自己を認めてくれる人が必要だからです。このような感情を言語教育で支援できるのであれば、それがたとえ直接、就職や進学につながらなくても、同じく価値のある言語教育であるといえるでしょう。

(⇒参照　CEFR 5.1.1.3)

 産出活動：書く・話す「私たちが見つけた関西」

《機関》	大学（日本語専攻課程）（日本）
《レベル》	A2，B1，B2 の学習者（合同）
《活動形態》	グループ／ペア
《実施期間》	約2か月（フィールドワーク：3日間、事後活動：5週間）
《報告対象者》	1. 同フィールドワークに参加した他のグループメンバー 2. フィールドワークに参加していない人々（主に日本人）

　フィールドワークに基づいて、レポート作成およびプレゼンテーションを行う活動例を紹介します。アカデミックジャパニーズの授業などでもよく行われる活動を、A2〜B2（初級〜中上級）の学習者を対象に実施したものです。

【学習目標（課題）の設定】

《学習目標》 （課題）	フィールドワークの結果をレポートにまとめたり、報告会で発表したりできる

　自分の実体験をレポートにまとめたり、大勢の人の前で報告したりする言語活動は、自分の体験を客観的に振り返ってまとめることができるだけでなく、読者や参加者と体験の共有ができるという点で、社会と大きな接点を持つことのできる活動となります。さまざまな母語や文化背景を持つ参加者が集まる場は、読み手や聞き手に視点の異なる新しい情報を提供す

る場であると同時に、双方の異文化接触の場ともなります。この実践では、社会に参加し「伝える」という目的を達成するために、プレゼンテーションは日本語学習者であるクラスメートだけでなく学内の日本人学生や教員も対象に行いました。

> **CEFR 参照ポイント①**
> 行動中心アプローチにおいては、アウトプットを行う場面や相手が現実的かつ具体的であることが大切です。どんな場面で誰に対して言語活動を行うのかが明確だと、具体的なイメージを持って伝え方（ストラテジー）を工夫することができるからです。

【活動背景】

日本に一年間留学している学習者たちの関西研修旅行を活用して、「私たちが見つけた関西——外国人の目から見た関西——」というプロジェクトを行いました。学習者たちは5泊6日で大阪に滞在し、関西エリア（大阪、京都、奈良、神戸）を観光・散策しました。プロジェクトにはそのうちの3日間を当て、2～4人のペア／グループで行動するフィールドワークを行いました。

> **CEFR 参照ポイント②**
> 学習目標（課題）達成のためだけに新たに体験（イベント等）を提供するのではなく、真正性（authenticity）の高い体験（学習機関で行われるイベント等）を言語学習へとつなげていくことによって、学習目標（課題）が自然なものとなり、「社会で行動する者（social agents）」としての自信にもつながります。

【活動目的】

このフィールドワークには、次の2つの目的があります。

(1) インターネットやガイドブックに書いていない関西を発見する。

(2) 日本人が知らない「私たちの」関西を発見する。

学習者には、日本人が「へ〜」「なるほど」と思うもの／ことや、日本人が知らないこと／気づいていないことを発見するよう促しました。

> **CEFR 参照ポイント③**
> 「異文化に対する意識」(CEFR 5.1.1.3) を育てるには、自文化と異文化の共通点や相違点を自分自身の体験を通して認識し、意識を高めていくことが大切です。

【活動方法】

　学習目標（課題）を達成するための活動の流れは、以下のようなものです。このプロジェクトは、フィールドワークの前・間・後の3つで構成されています。それぞれの活動には大きい課題があり、それらは具体的な小さい課題によって達成できるようになっています。

1. フィールドワーク前

大きい課題	小さい課題
フィールドワークの計画を立てることができる	ガイドブックやインターネットで行きたい場所の情報を得ることができる

　関西研修旅行に出かける前に、グループごとに3日間のフィールドワークの計画を立て、出発前に活動計画書を提出してもらいました。計画は、以下の(1)〜(4)の手順で進められました。

(1) 行く場所を複数選択する。
(2) 行動の順序／日程を決定する。
(3) 交通機関、施設情報、食事プランなどを調べる。
(4) 活動計画書を作成する。

2. フィールドワーク中

大きい課題	小さい課題
フィールドワークの結果を細かく記録することができる	活動計画書にしたがって、計画を実行することができる

　実際のフィールドワークにおいて、学習者たちは活動計画書にしたがって街を散策し、発見したものの写真を撮ると同時に、その日時、場所、様子、感想などを詳細に記録しました。記録のための媒体は、スマートフォン、カメラ、ノートなどさまざまでした。

3. フィールドワーク後

大きい課題	小さい課題
フィールドワークの結果を報告することができる	・レポートの形式に沿って、レポートを作成することができる（書く）⇒【教材1】 ・パワーポイントを使って報告プレゼンテーションをすることができる（話す）⇒【教材2, 3, 4】

　研修旅行から戻ったのち、グループごとに「アルバムレポート（報告書）」を作成し、その後「報告会」でプレゼンテーションを行いました。レポートの執筆およびプレゼンテーションは、グループ内で分担して行われました。

　この活動に際し、以下のようなチェックリストやタスクシート（【教材1～4】）を配布しました。これらの教材は、レポートやプレゼンテーションをどのように完成させるべきかを学習者自身に気づいてもらうためのものです。こうした教材を事前に配布し、メンバー全員で確認しておくことで、レポートの読み手や報告プレゼンテーションの聞き手を意識しながら、結果報告の活動に取り組むことができました。また、レポート作成やプレゼンテーションに必要な一般的能力（⇒ Q.24参照）を高めたり、ストラテジーを身につけたりするのにも役立ちました。

> **CEFR 参照ポイント④**
> すでに母語や他の外国語でレポート作成やプレゼンテーションの経験を持つ学習者にとって、過去の経験が生かせる課題は、学習言語能力の向上だけでなく、複言語・複文化能力の活性化にもつながります。

(⇒本書第一部 Q.10 参照)

【報告会参加者からのフィードバックとまとめ】

　以下は、報告会終了後に聞き手であった日本人参加者から得られたフィードバックです。今回のプロジェクトのサブテーマである「外国人の目から見た関西」がうまく伝わった様子がわかります。また、双方向的な活動共有の場となったことによって、両者がともに「社会で行動する者（social agents）」として同じ空間に参加していたことをも示しています。

〈「外国人の目から見た」ことが新情報として伝わったことがわかるコメント〉
(1) 私が知らないことがたくさんあって、報告会に参加して良かった。
(2) 日本には外国人にとって驚くところがたくさんあって、私たちが気にせず通り過ぎてしまうようなささいな事が外国人にとっては驚きなんだと思いました。私にとっての発見になりました。
(3) この発表を聞いて、別の目線から関西を楽しんでみたいと思いました。
(4) 自分たち日本人だけで旅行するより、他の国の人と一緒に行く方が発見が多くて楽しそうだと思いました。

〈報告会が異文化接触の場として機能したことがわかるコメント〉
(5) 「まずい」「つまらない」などのマイナスの感想もストレートに言うのが日本人と違ってなんか面白いと感じた。
(6) 自分の国と日本を比べながら話していたので、どちらの国のことも分かって勉強になりました。

（表記・表現は記入されたまま転載）

このプロジェクトの最後は「報告会（プレゼンテーション）」で締めくくられました。自分自身が体験したことを、一般の日本人が大勢（約50名）いる場で報告し、聞き手から直接反応を得られたという経験を通して、学習言語（日本語）によって何かを伝えるということの達成感を感じたり、今後の自分の目標を発見したりすることができたようです。

　約2か月にわたるプロジェクトワークの中で、学習者たちは仲間とともに考えること・つくることを体験しました。また、フィールドワークを通して日本社会を客観的に観察する機会も得ました。さらに、レポート作成やプレゼンテーションでは、自分の体験を読み手や聞き手に正確に伝えるために、自分が持つ最大限の日本語能力を駆使しながら、伝える方法（ストラテジー）についても学びました。聞き手の評価を直接得ることができたことも、「社会で行動する者（social agents）」としては大変意義深い経験となりました。こうした複合的・協働的・社会的な活動は、学習者が自分の「できること」と「できないこと」に客観的に気づくきっかけとなり、これまでの学びを自ら振り返ったり、今後の学びを設計したりするのにも役立つものと考えられます。

【教材1】
　レポート作成の基本となる「形式（A）」「内容（B）」「校正（C）」の3点についてチェック項目を示したものです。レポート提出前に必ずグループでチェックするよう促しました。

〈「レポート」提出前チェック項目〉

A. レポートの形（かたち）	チェック
・表紙（ひょうし）がある	
・目次（もくじ）がある	
・「はじめに」を書いた	
・「章（しょう）」に小見出し（こみだし）がある	
・「おわりに」を書いた	

B. レポートの内容	チェック
・情報が詳しい	
・読む人がわかりやすい	
・読む人が「へ〜」「なるほど」と思う	
・コメント／感想にオリジナリティがある	
・写真が効果的に挿入されている	

C. 日本語	チェック
・文字（ひらがな・カタカナ・漢字）の間違いがない	
・レポートに合う単語や表現（だ・である体）を使っている	
・文法の間違い（〜形、助詞など）をチェックした	

【教材2】

　プレゼンテーションの発表原稿を作成する際の留意点を示したものです。プレゼンテーション前に必ずグループでチェックするよう促しました。

〈「プレゼンテーション」原稿作成シート〉

◆「メモ」をもとに、プレゼンテーションの原稿を書いてみましょう。
　・どのような順番で話すと**効果的**か、よく考える。
　・不必要なものは捨てることも大切。
　・接続詞やプレゼンテーションの表現・挨拶をうまく使う。
　・**「聞き手」がいることを忘れないこと！！**

_____
_____
_____
_____
_____
_____
_____

第2章　CEFRを参照した実践例2 | 153

【教材3】
　プレゼンテーションのパワーポイント・スライドを作成する際の留意点を示したものです。プレゼンテーションの前に必ずグループでチェックするよう促しました。

〈「プレゼンテーション」パワーポイント作成計画書〉

◆パワーポイント・スライド作成計画
・原稿を見ながら、視覚的に必要だと思う情報を選び出す。
・どんなスライドが、何枚必要か考える。
・文字の大きさや、アニメーションの使い方を検討する。

【教材4】
　プレゼンテーションの練習を行う際の留意点を示したものです。プレゼンテーション前に必ずグループのメンバー間でチェックし合うよう促しました。

〈「プレゼンテーション」前チェック項目〉

◆リハーサル：必ずリハーサルをしましょう。
　□時間は15分以内か？
　□原稿を、全部読まずに話せるか？
　□発音、アクセント、イントネーションの練習をしたか？
　□話すスピードは適切か？
　□声の大きさは適切か？
　□最初と最後のおじぎやアイコンタクトが自然にできるか？
　□パワーポイントの操作は十分に練習したか？

相互行為活動：口頭のやり取り「日本語劇」

《機関》	大学語学センター（スペイン）
《レベル》	A2 後半
《活動形態》	ペア・グループ・クラス
《実施期間》	1 年間（平均週 1 時間）＋授業外グループ活動時間 10 〜 20 時間

　相互行為活動『口頭の「やり取り」』の例として、スキット（寸劇）、演劇を使った活動を紹介します。

【活動背景】

　産出活動と受容活動が交互に行われる相互行為活動「やり取り」ですが、欧州在住で日本語を使う機会の少ない筆者の学習者を考えた時、苦手意識を持って、消極的になってしまう活動の 1 つでした。CEFR では、やり取りのストラテジーについて次のように述べています。「話し言葉のやり取りでは、必然的に対話者同士が協同で、そこで話すことの意味を作り上げることになる。その、対話者同士が協同で意味を作り上げていく過程では、対話者それぞれの頭の中のコンテクストをある程度共通化させ、何を前提にできるかを定め、相手の背景を探り、互いに近づいたり、距離を適切に保持したりする」(CEFR 4.4.3.5)。CEFR のいうこのストラテジーを使って、いきなり日本語の「やり取り」をしなさいと言っても、学習者に無理難題を押しつけるようなものです。しかし、スキット（寸劇）、演劇という手法を使ってこのストラテジーを考えながらシナリオをつくり、演じる活動であれば、日本語を使う機会の少ない学習者でも、より自然な日本語の「やり取り」に近づけるのではないかと考えました。また、演劇は、学習者一人ひとりが持っている一般的能力を総動員させ、自分の得意分野を生かし、苦手な部分を互いに補って 1 つの作品をつくり上げていきます。「社会で行動する者（social agents）」としての、各自の力を思う存分発揮できる学習活動にすることができるのではないかと考えました。

> **CEFR 参照ポイント①**
>
> CEFRでは、言語学習者のことを社会で行動する言語使用者という視点で捉えて、初級学習者も上級学習者も、そして教師も同じ「言語使用者」であると考えています。初級学習者でも、「社会で行動する者（social agents）」としてこれまでの言語知識や経験を駆使しながら、学習言語を使って自分のしたいことを達成することは可能であると述べています。

(⇒本書第一部 Q.18 参照)

【学習目標（課題）の設定】

《学習目標》(課題)	日常生活の中で繰り広げられる喜怒哀楽、人間模様を表す日本語劇をつくり、「伝わる日本語」を意識して演じる。 ・あらかじめ練習して演じること ・即興的に話すこと

　学習目標としては、演じる者同士、お互いに「伝わる日本語」、そして、見ている人にも「伝わる日本語」を目指しました。また、目標到達のために大きな課題を2つ立てました。1つは、日本人が使うフィラーやあいづちを観察、模倣しながら、より自然な日本語を「あらかじめ練習して演じること」です。もう1つは、話す活動の練習として、「即興的に話すこと」です。この2つの課題遂行のために、さまざまな学習活動を年間コースの中で行いました。

> **CEFR 参照ポイント②**
>
> 今回の活動の課題とした「あらかじめ練習して演じること」「即興的に話すこと」は、CEFR第四章「口頭での産出活動（話す）」（CEFR 4.4.1.1）の活動例を参考にしました。課題や教室活動を考える時、CEFRのコミュニケーション言語活動とストラテジー例が参考になります。目標到達のためのさまざまな課題を考えるアイディアになることもあるので、コースデザイン、シラバスなどを計画する時には、一度目を通してみることをお薦めします。

【教材の選択】

《テキスト》
- 『みんなの日本語　初級』（スリーエーネットワーク）
- 『できる日本語　初級・初中級』（アルク）
- 『にほんご発音アクティビティ』（アスク出版）
- 日本人同士のやり取りが見られるクイズ形式の教育的バラエティー番組
- 映画「きせき」（2011年，監督・是枝裕和）の一部

　「伝わる日本語」とはどういうものかを知るために、テレビ番組やドラマ、映画を見て、日本人の話し方の特徴を観察したり、その中で見られるフィラーについて調べ、それを使って寸劇をしたりしました。さまざまな形でスキットをつくり、「あらかじめ練習した役割を演じる」練習に加えて、練習した部分にアドリブを加えていくことで、「即興的に話す」練習にも意識的につなげていくようにしました。一見全く関係のないような2つの課題ですが、いきなり「即興的に話すこと」はハードルが高すぎて、おじけづいてしまう学習者が、スキットを使うことで、アドリブを入れて、シナリオの後を自由に続けられるようになっていきました。また、10分の演劇を演じた時にセリフを忘れてしまったところを、アドリブでうまく続けることができた学習者もいました。

大きい課題	小さい課題	活動形態
「伝わる日本語」を意識して日本人の話し方を知る	テレビの番組、ドラマ、映画を見て、日本人の話し方の特徴を観察する。	ペア クラス
	フィラー（冗長語、あいづち、感嘆詞など）について知る ・それを使って4往復の短いスキットをつくる。〈資料1〉	ペア
即興的に話す	日本語のフィラーを使ってみる ・教科書にあるスキットを使って、スキットの部分を演じた後、フィラーを使いながらアドリブで後を続ける。〈資料2〉	ペア

あらかじめ練習した役割を演じる	喜怒哀楽を演じてみる ・気持ち（悲しい、楽しい、怖いなど）と場所（学校、スーパー、機内など）を書いた紙を1枚ずつ取って、気持ちと場所を表すスキット（5往復ぐらい）をつくる。ただし気持ちと場所を直接言わない。クラスで発表し、気持ち、場所を当てる。	ペア クラス
	さまざまなシチュエーションのスキットをつくり、演じる ・教科書にあるさまざまなシチュエーション（手紙をもらって感激して、電話をかける／きょうだいの結婚式のため一週間の休暇を上司に願い出る／好意を持っている友達を週末のイベントに誘うなど）をもとにスキットをつくり、クラスで発表する。	ペア クラス
	昔話をもとに登場人物の性格を特徴づけながら、スキットをつくる ・赤ずきんちゃん、桃太郎、浦島太郎、わらしべ長者など、今までに読んだことのある昔話をもとに、登場人物の性格を際立たせたスキットをつくって演じる。	グループ クラス
	日本語劇のシナリオをフィラーを意識しながらつくる ・日常生活での人間模様を表す10分間の寸劇をつくる。フィラーを入れて、より自然な会話になるようにする。	グループ クラス

〈資料1〉 口頭での「やり取り」ストラテジー練習例①

日本語のフィラー（冗長語、あいづち、感嘆詞など）について知る
1. 『にほんご発音アクティビティ』（アスク出版，p. 91）の感嘆詞を聞いて、発音する。
2. 紹介されている感嘆詞をどんな時に使うか、ペアで話し合う。その後、クラス全体で共有する。
3. 感嘆詞を使って、4往復の短いスキットをペアでつくる。
4. クラスで気持ちをこめて演じる。
5. お互いの発表を評価する。

【作品例】
　Ａ：あ〜あ。
　Ｂ：どうしたの？
　Ａ：今日、仕事、大変だった。
　Ｂ：ビールでも飲もうか。
　Ａ：わあっ、行こう！
　Ｂ：ええ〜本当に？　疲れたんじゃないの。
　Ａ：ううん、ビールはビールだよ。
　Ｂ：よしっ、OK。

〈資料2〉　口頭での「やり取り」ストラテジー練習例②

日本語のフィラーを使って、即興的に話す
1. 『みんなの日本語　初級Ⅱ［第2版］』（スリーエーネットワーク，p.125）練習C-3の会話を聞く。
　　　Ａ：仙台の 七夕祭りに 行った ことが ありますか。
　　　Ｂ：いいえ。
　　　Ａ：とても 楽しいですよ。
　　　Ｂ：そうですか。ぜひ 一度 行って みたいです。
2. 上記の会話をもとに、自分たちで会話をつくり、「ぜひ一度行ってみたいです」の後は、フィラーを入れながら、アドリブで会話を続ける。
3. クラスで発表し、お互いに感想を言う。
【作品例】
　Ａ：ポケモンセンターに行ったことがありますか。
　Ｂ：いいえ。
　Ａ：とても楽しいですよ。
　Ｂ：そうですか。ぜひ一度行ってみたいです。
　　（ここからアドリブ）
　Ｂ：どんなセンターですか。
　Ａ：ポケモンの人形やノートが買えます。
　Ｂ：へー、すごい。このセンターはどこにありますか。
　Ａ：お台場です。
　Ｂ：人形は高いですか。
　Ａ：う〜ん、ちょっと高いけど、かわいいですよ。お金があったら、全部買ってみたいです。
　Ｂ：そうですか。来年行きたいです。

A：私も。
　　B：じゃあ、いっしょに行きましょう！

　このスキット・演劇を使った活動の最後に、学習者たちは語劇コンクールの参加に挑戦しました。今回スペインで行われた語劇コンクールについて、以下に簡単に説明します。語劇コンクールのタイトルはサミュエル・ベケットの「ゴドーを待ちながら」をもじったタイトル「○○を待ちながら」で、持ち時間は10分。シナリオから、演技、演出、衣装、舞台装置、すべて学習者たちが考え、彼らの手によってつくり出されました。学習者は「社会で行動する者（social agents）」として自分の得意とするすべての能力を総動員させ、互いに協力しながら10〜20時間のクラス外のグループ活動に励みました。スペイン全国から7つの大学語学センターが参加し、日本語だけでなく、学習者同士の交流、社会で課題を遂行するということを実践し、体験できました。

語劇コンクール予選会「コクハクを待ちながら」

　語劇コンクールの後に行われたアンケート調査で、学習者たちは以下のように答えています。活動の成果は、学習者からのフィードバックにも顕著に表れています（原文はスペイン語、訳はスペイン人日本語学習者）。

「大会に参加する前と後で、自分の何が変わったと思いますか」
・もっと日本語を勉強したくなりました。仲間と習いたいです。できれば、もう一度参加したいです。

・授業ではない活動の経験は素晴らしかったです。クラスメートとより親密に深く付き合えるようになりました。

「あなたにとって、大会に参加して最も良かったことは何ですか」
・一番良かったこと…全部です。シナリオをつくって、練習して、演じるのは本当に楽しかったです。ちゃんとできるようによく頑張りました。特に、大会直前は発音が良くなるように練習し、頑張ったかいがありました。友達とも以前よりもっと仲良くなりました。チームワークが実を結びました。すごく、すごくうれしいです。

❺ 仲介活動：翻訳「キャンプ用テントの商品説明」

《機関》	大学（修士課程　翻訳専攻）（フランス）
《レベル》	B1後半〜B2前半（中級後期）、大半が日本留学経験者
《活動形態》	クラス（6〜8人）、ペア、個人、宿題
《所要時間》	2時間×2回＝4時間

　ここでは教室での仲介活動として、フランス語から日本語への翻訳の授業の実践例を紹介します。この授業では、実際に翻訳を行う実現性の高い状況を学習者に提示し、いろいろなタイプのテキストの翻訳を行いながら、次の3つのことを目指しています。①目的に応じかつ読者に適した翻訳ができるようになること、②翻訳を遂行するために有益なストラテジーを身につけること、③翻訳に必要なより高度な日本語の言語能力とその運用能力を習得することです。翻訳は、「既存のテキストの再構築」（CEFR 2.1.3）と考えられますが、CEFRの行動中心アプローチを取り入れた翻訳の授業では、辞書と首っ引きで与えられた文をただ訳していくような活動ではなく、翻訳を通して社会的活動を遂行したと学習者が感じられるような活動をデザインすることが大切です。そのような点に留意しつつ、授業の流れを説明していきます。

第2章　CEFRを参照した実践例2 ｜ 161

> **CEFR 参照ポイント①**
>
> CEFRは言語活動として受容活動、産出活動、相互行為活動、仲介活動の4つを挙げています。4つ目の仲介活動は、直接コミュニケーションができない人同士のコミュニケーションを可能にするものと説明されており、いわゆる通訳や翻訳の活動がそれにあたります。社会活動としての翻訳をするには、CEFR第5章が示す言語能力、言語運用能力に加え、テキスト処理能力、そしてさまざまなストラテジー能力が必要です。また、コミュニケーション能力以外に、一般的能力、つまり世界に関する知識、社会文化的知識、専門的知識、異文化知識なども必要になってきます。

【準備活動】

　本活動（授業の目的であるフランス語から日本語への翻訳）に先駆けて、下記のように予備活動（準備活動）を行いました。準備活動はテキストのタイプと翻訳方法の関連性について考え、翻訳のストラテジーへの意識化を促すのが目的です。

《学習目標》 （課題）	・文のスタイルや語彙・表現から、テキストのタイプ（新聞、宣伝など）、機能（記述、呼びかけなど）、想定読者などが推測できる。 ・翻訳の目的によって翻訳の仕方が変わることを意識する。 ・翻訳上の問題点を取り出せる。
《活動内容》	教師からの指示 ・翻訳用に集めていたテキストの大半が消えてしまい、それぞれ1、2文ずつしか残っていません。これらの文を見て、もとはどのようなテキストにあった文なのか推測してください。 ・フランス語の文は日本語に翻訳してください。 活動の手順 1．各文を大まかに理解する。ペアで読んでもよい。 2．クラスで、各日本語の文がどこから取り出されてきたものかを言い合う。その根拠となった特徴的なスタイル、表現、語彙を確認する。

3. 各日本語の文をきちんとしたフランス語に訳し、正確な理解を確認しながら作業を行う。理解および翻訳過程で問題のある部分をクラスで取り上げる。
4. フランス語の文（〈準備活動用教材〉7、8）を家で日本語に訳してくる。その文の出典テキストとテキストジャンルを考慮して訳す。
5. 次の授業で訳を発表し合い、テキストの目的別に訳されているかを確認する。またジャンルによって、正確な訳、創造性のある訳などバリエーションがあることを意識づける。

〈準備活動用教材〉　　　　　　　　　　　　　　（未加工のテキストから抜粋）

1. すべて身体障害者は、社会を構成する一員として社会、経済、文化その他あらゆる分野の活動に参加する機会を与えられるものとする。

2. ナノテクノロジーという言葉を聞いたことがありますか？「ナノ」とは「小さな人」という意味を持つラテン語で、10億分の1を表す単位です。

3. 暖かいのにムレにくい
ストレッチだから動きやすい

4. また、デザイン拠点、R＆D（研究開発）拠点も海外に9ヵ所展開しており、「開発・設計から生産、販売・サービスまで、一貫したグローバル化・現地化」を実現しています。

5. お客様に美術館をより安全で快適に楽しんでいただくために、日時指定の予約制となっています。但し、入れ替え制ではありません。

6. 火の始末はすばやくコンロの火を消し、ガスの元栓を閉める。無理はしない。

7. Article 7
L'accès aux bâtiments est interdit :
　—aux animaux
　—aux personnes en état d'ivresse ou à l'agitation anormale
　—aux personnes en état de malpropreté évidente
　—aux enfants de moins de 10 ans non accompagnés d'une personne majeure apte à les surveiller

8. Fumer tue
Fumer nuit gravement à votre santé et à celle de votre entourage
(…)

活動で学習者たちが行った推測は、文1は「法律のようなもの」、文2は「子どもに向けて書かれたもののようだ」、文3は「服かスポーツウエアの広告」、文4は「国際的な企業か機関」、文5は「美術館のサイトの説明部分」、文6は「地震の心得」とほぼ正解でした。では、手がかりは何でしょうか。第一は、使われている文体や表現がヒントになる場合です。文1では「〜ものとする」のような文末表現が法律によく使われるということがヒントになります。また、使われている語彙からそのテキストが文4のように経済関係のテーマなのか、文2のように科学関係のテーマなのかも予想できます。また文2で、子ども用だと考えた学習者たちの根拠は「漢字が少ない」「文が易しい」などでした。第二に、学習者の経験による知識が手がかりとなることもあります。例えば、日本で文3の商品を見たことのある学習者や、文5の美術館に行ったことがある学習者は、その文を見て原典とリンクがしやすかったのです。フランスにはほとんど地震がないため、文6の地震の心得のようなものは一般的ではありませんが、日本には地震が多いという「世界に関する知識」（CEFR 5.1.1.1）がこのようなテキストの内容の予測を助けてくれることもあります。

　活動3において問題になったのは、文5に見られる「入れ替え制」という語でした。美術館の予約のスキーマの違いによるのかもしれません。また日本語の複合動詞は、フランス語にしにくい反面、日本語に訳す時には知っていると便利なタイプの語彙であることを実感させました。

　活動4と5に関しては、テキストのタイプと目的により訳し方が異なることに注意を促しました。文7はプールの規則です。日本のプールの規則を参考にして、規則に通常使われているスタイルに近づけ、事実をきちんと正しく訳す必要があります。文8はフランスのタバコの箱に印刷されている警告の文です。直訳すると「喫煙は殺す」ですが、目的に応じてさまざまな翻訳ができます。授業でその形を比較し合ったり、喫煙に関する各国の政策の違いを話し合うなどして、異文化知識を活性化する活動を行いました。

> **CEFR 参照ポイント②**
>
> CEFRでは課題が成功する認知的要因として、テーマ、テキストの種類（ジャンル）、前提となる背景知識、社会文化的関連知識などを挙げています。翻訳の課題では、これらは特に重要な要素だと思われます。翻訳をすることになったら、すぐに訳し始めるのではなく、そのテキストが社会的にどのようなジャンル・領域に位置するのかをまず考えることが大切です。

(⇒参照　CEFR 7.3.1.1)

【本活動】

ここまでが準備活動で、次の授業では下記のように本活動を行いました。

《学習目標》 （課題）	・目的に応じた翻訳ができる ・そのジャンル・領域の翻訳に役に立つ語彙、表現を学ぶ
	教師からの指示 ・フランスの大手スポーツ用品店のオンラインショッピングでいくつかの新製品を日本向けに販売することになり、Webサイトに日本語版を載せることになりました。その一環として「ワンタッチテント」の紹介のページを日本語に訳してください。 ・訳に先立って、同じような商品があるかどうか、日本のテント市場を調査してください。
《活動内容》	活動の手順 1. 各自、同様の日本語の情報をインターネットで調べる。 2. 各自、再利用できそうな語彙、表現を見つける。 3. 各自、課題のテキストを翻訳する。翻訳上の難点をメモしておく。 4. クラスで訳し方の工夫、難点を授業で共有する。 5. Moodle（eラーニング用プラットフォーム）で、専門語と一般語の用語集を共同でつくる。（家で） 6. クラスでこのタイプのテキストに特徴的な文法、語彙（一般語彙、専門語彙）、コロケーションを学ぶ。 7. 授業後、教師の添削を見て確認する。

翻訳の課題を与える時は、「何のための翻訳か」を明記することが大切です。教師からの指示文にそれが示されています。この授業で使ったのはワンタッチで広げられるキャンプ用テントの商品説明です。見出しの部分はアピール性の強さが大切で、性能の説明部分は内容の記述の明確さと正確さが大切であるというように、同じテキスト内でも翻訳の焦点が異なることに注意を促します。

　本活動用教材は次のようなものです。社会生活で使われている未加工のテキストの翻訳活動が目的であるため、授業ではフランスの大手スポーツ用品店のWebサイトをそのままテキストとして使用しました[2]。ここでは文章はそのままで写真をイラストに置き換えたイメージ図を提示しています。

【本活動用教材】
　教材については、次のページをご覧ください。
　ここでの活動は、上の準備活動で意識化させたストラテジーを駆使して行います。例えば、同ジャンルの日本語のテキストの特徴を調べること、フランス語と日本語の言い回しの違いに注意すること、仏和辞典の使用だけでは現代社会における言語使用の実例が十分にわからないことなどの点を、実践を通して確認します。このような活動においてインターネットでの検索も有益ですが、原文をよく確かめずに既成の文をそのまま使うだけでは、やはり「テキストの再構築」にはならないということも喚起します。学習者の訳文を見ると、いわゆる「直訳」に頼ったため、意味が不明瞭なものもありました。これはテキストの再構築が行われていなかったからです。再構築のためには、原文の意図を正確に理解した後で、読み手の言語環境でどのように表現したらその意味が伝わるのかを考えなければなりません。つまり、仲介活動は、受容能力、テキスト処理能力、産出能力という異なる能力を駆使して行う活動であることがわかります。

2　DECATHLON <http://www.decathlon.fr/2seconds-xxl-iiii-illuminfresh-id_8205999.html>（2015年7月4日）

〈デカトロン商品カタログ〉

Tente 4 places avec mini-séjour 2 SECONDS XXL ILLUMIN FRESH SKY VIEW

★★★★☆ Lire les 37 avis
<u>Rédiger un avis</u>

Conçu pour 4 personnes en CAMPING ITINERANT recherchant une tente à installation rapide avec un séjour pour s'asseoir à l'abri. 4 grandes places. Séjour "assis". Fresh : reduit la sensation de chaleur au soleil ; Illumin : lumières intégrées dans la tente, Easy : repliage facile, et la possibilité de regarder les étoiles de son lit !

Article en rupture pour la vente en ligne

6 Montage/démontage

Bénéficie d'une astuce de montage en plaçant et fixant le tapis de sol de toute la tente avant le dépliage de celle-ci. Facilite le bon placement de la tente et son installation correcte. Ensuite elle se déplie et s'installe en 2 minutes. Repliage facile et rapide grace à un système "EASY" (Consulter les vidéos sur quechua.com).

7 Imperméabilité

Comme toutes les tentes Quechua, l'imperméabilité a été travaillée avec soin, validée en laboratoire (TENTE ENTIERE sous 200 litres/h/m² !) et en mission test (Double toit polyester enduit PU, Tapis de sol polyethylène 140 g/m², toutes coutures étanchées par bandes thermocollées). Notez que la présence d'une chambre en polyester respirant sous le double toit permet d'éviter le contact des gouttes d'eau de condensation qui se déposent naturellement sur la face intérieure du double toit

> **CEFR 参照ポイント③**
> 仲介活動においても、「社会言語的な適切さ」「柔軟性」「叙述の正確さ」などのグリッドに示されている産出能力が必要となります。

【評価基準試案】

　では、このような仲介活動はどのように評価をしたらよいのでしょうか。一般的に翻訳の評価の過程で、教師は産出物としての日本語の訳文の出来具合に重点を置きすぎる傾向があるように思います。B1 後半〜 B2 前半で日本滞在経験があるといっても、未加工の多様なジャンル・分野のテキストを適切な日本語にするのは決して簡単な活動ではありません。語彙や構文の間違いがあったり、選んだ表現や語彙がその文脈に不適切になったりするのはごく当然のことです。そのような場合、教師はまずその間違いの「添削」から始めることが多いのですが、この授業では、その前に、フランス語の原文〈本活動用教材〉の意図が、学習者が作成した日本語の訳文にうまく再構築されているかどうかをチェックするようにしました。言語と翻訳は依存し合っているので、両者を分けるのは難しいこともありますが、下記のような評価基準を作成して、仲介能力と言語的能力の各項目の独立した視点から評価するように試みました。仲介活動として次のような翻訳の工夫の例が挙げられます。商品の紹介文の中に「la possibilité de regarder les étoiles de son lit（直訳：自分のベッドから星を見る可能性）」という記述がありますが、多くの学習者は「ベッドで星を見ることができます」と訳しました。このような訳文は間違いとはいえませんが、テントの中にベッド（家具）はないので、「寝ながら」にするほうがより自然でしょう。このように仲介能力は、読者が自然に明解に訳文を受け入れられるように配慮する能力を指しています。

【評価基準】

仲介能力	専門翻訳として適切か（そのジャンルのスタイル、語彙）
	翻訳の完成度（必要な情報は訳されているか。焦点、流れはうまく訳されているか）
	仲介活動としての工夫（社会言語的、語用論的な調整）
言語能力・運用能力	テキストとしての完成度（構文、語彙、表現の適切さ）
	正確さ（文法、表記の正確さ）

　最後に補足的な活動について一言付け加えます。別のクラスでは現代日本人のレジャーとキャンプについての市場調査をするという活動を補足的に行いました。学習者は、インターネットで調べたり、日本人の知り合いにアンケートを送りその結果をレポートにまとめたりしました。このように時間数と目標に応じて、補足活動を組み合わせ、仲介活動に必要な背景知識を深めることも可能です。

6　仲介活動：翻訳「社会参加としての翻訳」

《機関》	大学語学センター（3クラス，各15名） 大学（日本学専攻課程）（1クラス20名）（スペイン）
《レベル》	A2後半
《活動形態》	個人、グループ、クラス
《所要時間》	5時間

　ここでは、海外の日本語教育の現場で、文化的活動として仲介活動（翻訳）を行い、社会参加をした例を紹介します。

　この活動で行った公的領域は、ビジネスや行政、公共サービス、公共的性格の文化・娯楽的活動、メディア関係など、社会的交渉と結びついている領域です。この領域での言語活動の課題は、B, Cレベルの言語能力を要求されるものが多いのですが、A2レベルでも十分にチャレンジすることができると思います。

> **CEFR 参照ポイント①**
>
> 第一部 Q19 で説明している通り、CEFR には「私的領域」「公的領域」「職業領域」「教育領域」の4つの言語活動領域があります。言語教育の現場では、さまざまな領域で使われる言語コミュニケーション能力の育成を図っています。教室活動で培われた言語能力を、4つの言語領域でどのように広げていけるかが、教師にとっては大きな課題となります。

(⇒参照　CEFR 2.1.4)

【活動背景】

　スペインでは、2013年6月～2014年7月を日本スペイン交流400周年とし、日本、スペイン各地でさまざまなイベントが開催されました。その一環として2013年6月に始まる東日本再生ビジョン展「復興の狼煙」の企画者から、ポスターのメッセージのスペイン語訳を、日本を愛し、日本語の勉強を続けている日本語学習者にぜひお願いしたいという依頼がありました。今回の実践報告はほんの一部ですが、47のメッセージの翻訳にスペイン全国から11の教育機関が名乗りを上げ、100人以上の学習者がこのプロジェクトに関わりました。そして、1か月半という短時間で翻訳プロジェクトを完成させました。

　ここでは、翻訳するポスターメッセージの分担が決まってからの活動を紹介します。11のメッセージを翻訳しました。

【学習目標（課題）の設定】

《学習目標》（課題）	日本語とスペイン語、日本とスペインの文化（習慣、言葉遣い、態度、価値観、信条）の違いを認識し、配慮しながら、的確な表現で翻訳ができる。

　今回は、以下のストラテジーを意識して仲介活動を行っていきました。
　　計画：背景の知識を増やすこと。相手の要求を推察すること。
　　実行・予見：訳語の可能性や同義表現を覚えること。
　　評価：原文と訳文の間の矛盾のチェック。

修正：専門家の意見を聞くこと。資料を調べること。

> **CEFR 参照ポイント②**
>
> CEFRでは「仲介のストラテジー」として、「計画」（背景の知識を増やすこと・支えとなるものを探すこと・用語表の準備・相手の要求を推察すること・通訳の一区切りの単位を決めること）、「実行・予見」（聞いていることを処理しながら、同時に聞いたばかりのことをひとまとまりに訳すこと・訳語の可能性や同義表現を覚えること・隙間の補填）、「評価」（原文と訳文との間の矛盾のチェック・語法の一貫性のチェック）、「修正」（辞書や同義語辞典を参照にすること・専門家の意見を聞くこと・資料を調べること）の4つの過程を示しています。

(⇒参照　CEFR 4.4.4.3)

大きい課題	小さい課題
翻訳プロジェクトの意図を知る	翻訳プロジェクト依頼者からのメッセージを理解する ・「スペイン人の心に響くような翻訳をしてほしい」「元気が出るメッセージにしてほしい」など東日本再生ビジョン展「復興の狼煙」の企画側の意図を知る。 ・ポスターを見た時の印象を話し合う。
東日本大震災を知る	YouTubeやGoogleで震災関係のビデオや記事を探すことができる ・グループで探してきたものをクラスで簡単に発表する ・関連サイトのURLをクラスのブログに載せ、各自が家で見る。
ポスターメッセージを翻訳する	日本語とスペイン語の違い、翻訳の難しさを知ることができる ・各自が家で翻訳したメッセージを翌週、各グループごとに披露し、翻訳の難しかった点について話し合う。
	「伝える側」「受け取る側」を配慮した翻訳について考えることができる ・担当メッセージと提出された翻訳文をすべて黒板に書く。文化の違いに配慮した「伝わるメッセージ」をクラス全体で考えながら、翻訳文を選ぶ。あるいは、つくり変える。

翻訳を見直す	翻訳を評価することができる ・プロの翻訳家のチェックが入った翻訳文を見直し、どうして直されたかについて話し合う。

　企画者から依頼があった「スペイン人の心に響くような翻訳をしてほしい」「元気が出るメッセージにしてほしい」という言葉は、翻訳をする学習者たちにとって、自分たちが普段の授業で行っている教科書やテキストの翻訳とは違う、人の役に立つ翻訳なのだと意識するきっかけになりました。そうなると言葉の一つひとつが気になり、活発な意見交換がなされました。「『此処でなきゃ、駄目なんだ』の『駄目』はどういう気持ちなんだろうか」「『ここ以外は考えられない』ということではないだろうか」とか、「『チョー悲しくなんかない』ってこの子笑っているけど本当はどうしていいかわからないぐらい悲しいんだよね」「でも、この笑顔を言葉にしないと、『チョー悲しくなんかない』の意味がスペイン人に伝わらないよ」などメッセージの真意をみんなで話し合いました。スペイン語訳なので、この時の意見交換はすべてスペイン語で行いました。

> **CEFR 参照ポイント③**
>
> CEFRでは、「社会言語的な適切さ」のB1の能力記述文に「目標言語の文化と当人自身の文化との間の、習慣、言葉遣い、態度、価値観や信条について、最も重要な違いに対する認識があり、それを配慮することができる」（CEFR 5.2.2.5）と記してあります。また、「社会的関係を示す言語標識」（CEFR 5.2.2.1）や「礼儀上の慣習」（CEFR 5.2.2.2）などでも、言語間での表現の違いを知った上で配慮することの大切さを述べています。

　日本語のメッセージでは、震災後の率直な気持ちを表すためにかなり野卑な言葉も使われていたりもしましたが、それを直接スペイン語にすると、非常に強いののしりに変わってしまいます。それを違う表現にしたほうがいいという意見と、震災にあった人々がもしスペイン人なら絶対にこ

の言葉を使うという反論なども出ました。これらの活動を通して、学習者たちは今までになく、仲介活動の大切さを感じ、「伝える側」の真意を測るとともに、「受け取る側」を配慮することも考えたのではないかと思います。

〈翻訳プロジェクトの一覧〉

ポスターメッセージ	スペイン語訳
此処でなきゃ駄目なんだ。	Si no es aquí, no tiene sentido.
これからを、取り戻す旅。	Reanudando el viaje interrumpido.
余計な言葉は無くていい。	Esto no se arregla con palabras.
甘く見るなよ、大槌人だ。	¿No crees que seamos capaces?, ¡Somos de Otsuchi!
それでも今日も海を見る。	A pesar de todo, hoy también hay esperanza.
あの日と闘い続けていく。	Seguimos luchando contra lo que pasó aquel día.
チョー悲しくなんかない。	Ante la tristeza, mejor una sonrisa.
忘れたいけど覚えておく。	Aunque queramos olvidar, debemos mantener el recuerdo.
頑固者の、出番のときだ。	Ha llegado la hora de los pertinaces.
ひとつひとつ咲かせるよ。	Poco a poco podemos hacer que florezca.
命なんだ、出発点なんだ。	Es mi vida, mi punto de partida.

東日本再生ビジョン展「復興の狼煙」(マドリード)

おわりに

　CEFR の実践では、いつも「なぜ？」を自分に問いかけます。なぜこの練習をするのか？　なぜこの作文を書くのか？　なぜこの言葉を覚えるのか？　こうした「なぜ？」の答えを明確にし、共有することが、CEFR の実践であると言っても過言ではありません。「どういう目的を追求し」、その達成のために「どういう方法をとるべきか」を自らの経験や考えをもとに考え、見出していくことが CEFR の実践です。

　もちろん、現実の教室では、機関の目標・授業時間・学習者数・クラス内のレベル差などがあり、教師は多くの問題に直面します。そんな中でも、例えば、今使っている教科書の見方をほんの少し変えるだけで、CEFR の実践につなげることができます。自分の実践を振り返り内省することは、自分一人でも複数でも始めることができます。授業の失敗を糧に、試行錯誤をしながら、授業を創り出していきましょう。その内容・結果は仲間と共有できるとより充実したものになります。

　このように、CEFR の実践は、所属機関のカリキュラムや教科書が変わらなくても、自分のできるところから取り組むことができます。そして、その輪を仲間と広げていくことで、CEFR が共通語となり、学習者だけでなく、教師も成長していけるのではないでしょうか。一緒に、考える教師を目指していきましょう。

参考文献

庵功雄・イ ヨンスク・森篤嗣（編）（2013）『「やさしい日本語」は何を目指すか――多文化共生社会を実現するために――』ココ出版.

大木充・西山教行（編）（2011）『マルチ言語宣言――なぜ英語以外の外国語を学ぶのか――』京都大学学術出版会.

大谷泰照（編集代表），杉谷眞佐子・脇田博文・橋内武・林桂子・三好康子（編）（2010）『EU の言語教育政策――日本の外国語教育への示唆――』くろしお出版.

奥村三菜子（2008）「機能シラバスにおける「できること」とは何か」『ヨーロッパ日本語教育』12, 98-104.

奥村三菜子（2010a）「CEFR 実践と日本語学習ビリーフスおよびストラテジーの変化――BALLI と SILL の調査結果から――」『日本語教育連絡会議論文集』22, 121-130. <http://renrakukaigi.kenkenpa.net/ronbun/2009020.pdf>（2015 年 7 月 23 日）

奥村三菜子（2010b）「なぜ日本語を学ぶのか――ドイツの現状・課題・展望――」『お茶の水女子大学大学院教育改革支援プログラム「日本文化研究の国際的情報伝達スキルの育成」活動報告書』平成 21 年度学内教育事業編，157-160.

奥村三菜子（2014a）「考える教師・考える学習者のための試験――CEFR を参照した試験をめぐる考察――」『複言語教育研究』2, 3-14.

奥村三菜子（2014b）「CEFR という贈り物――子どもも大人も「気が楽になる」CEFR の 4 つのポイント――」『つなぐ――わたし・家族・日本語――』（pp. 18-29）．日本文化言語センター.

奥村三菜子・織田智恵・近藤裕美子・三矢真由美・福島青史（2012）「CEFR 文脈化のための教師研修を考える――課題からの出発――」『ヨーロッパ日本語教育』16, 51-65.

奥村三菜子・櫻井直子・鈴木裕子（2013）「AJE-CEFR プロジェクト中間報告 1――教師研修支援グループ――」『ヨーロッパ日本語教育』17, 23-29.

奥村三菜子・櫻井直子・鈴木裕子（2014）「AJE-CEFR プロジェクト中間報告 2――教師研修支援グループ――」『ヨーロッパ日本語教育』18, 27-29.

奥村三菜子・鈴木裕子・櫻井直子（2016）「教育理念と現場実践をつなぐ――CEFR 教師研修支援用教材の開発を例に――」『2016 年度日本語教育学会春季大会予稿集』90-100.

奥村三菜子・辻香里（2011）「言語教育観を共有するために――教育現場における「体験」の積み重ねを通して――」『ヨーロッパ日本語教育』15, 70-77.

嘉数勝美（2011）『グローバリゼーションと日本語教育政策――アイデンティティと

ユニバーサリティの相克から公共性への収斂——（日本語教育学の新潮流2）』ココ出版.

門田修平・野呂忠司（2001）『英語リーディングの認知メカニズム』くろしお出版.

キース・モロウ（編）（2013）『ヨーロッパ言語共通参照枠（CEFR）から学ぶ英語教育』（和田稔・高田智子・緑川日出子・柳瀬和明・齋藤嘉則（訳））研究社.

金水敏（2003）『ヴァーチャル日本語　役割語の謎（もっと知りたい！日本語）』岩波書店.

久保帯人（2002）『BLEACH』第1巻，集英社.

熊野七絵（2011）「アニメ・マンガの日本語——ジャンル用語の特徴をめぐって——」『広島大学国際センター紀要』21, 35-49.

国際交流基金パリ日本文化会館（編）（2011）『ヨーロッパの日本語教育の現状——CEFRに基づいた日本語教育実践とJF日本語教育スタンダード活用の可能性——』国際交流基金パリ日本文化会館. <https://drive.google.com/file/d/0B9zO3tOXa08UbThvT0lOSnRnb3c/view>（2016年4月28日）

近藤裕美子・奥村三菜子（2014）「教師研修の評価とその意義——CEFR研修参加者アンケートの分析から——」『ヨーロッパ日本語教育』18, 205-210.

櫻井直子（2006）「外国語学習のためのヨーロッパ共通参照枠組み：学習、教授、評価（CEF）を参照したカリキュラム・試験評価の再編成と日本語授業への応用——ベルギー・ルーヴァン市現代言語センターの例——」『WEB版日本語教育実践研究フォーラム報告』<http://www.nkg.or.jp/kenkyu/Forumhoukoku/sakurai.pdf>（2016年5月2日）

櫻井直子（2011）「CEFR（言語のための欧州共通参照枠）Bレベルの言語活動・能力を考えるプロジェクト」における連携とその成果」『WEB版日本語教育実践研究フォーラム報告』<http://www.nkg.or.jp/kenkyu/Forumhoukoku/2011forum/2011_P12_sakurai.pdf>（2016年5月2日）

櫻井直子（2013）「CEFRの理念とその文脈化」『複言語教育研究』1, 4-22.

櫻井直子（2015）「言語のためのヨーロッパ共通参照枠（CEFR）が目指す言語教育——学習者を社会的に行動する者（Social agents）と捉えて——」『Southern review: studies in foreign language & literature』29, 1-15.

櫻井直子・近藤裕美子（2010）「CEFR文脈化のための実践例を取り入れたワークショップ型教師研修」『ヨーロッパ日本語教育』14, 215-222.

櫻井直子・東伴子（2012）「CEFR B1レベルの言語活動・能力を考えるプロジェクト——その多面的アプローチとやり取り場面の語彙使用からの考察——」『ヨーロッパ日本語教育』16, 126-130.

櫻井直子・東伴子（2015）「CEFR B1 レベル：分析から授業実践へ──学習者を社会的存在と捉えて──」『ヨーロッパ日本語教育』19, 239-244.
定延利之（2011）『日本語社会　のぞきキャラくり』三省堂.
佐藤学（2013）「教師の実践的思考の中の心理学」佐伯胖・宮崎清孝・佐藤学・石黒広昭『[新装版] 心理学と教育実践の間で』(pp. 9-55). 東京大学出版会.
柴田義松（2006）『ヴィゴツキー入門』子どもの未来社.
渋谷謙次郎（編）（2005）『欧州諸国の言語法──欧州統合と多言語主義──』三元社.
鈴木孝明・白畑知彦（2012）『ことばの習得──母語習得と第二言語習得──』くろしお出版.
鈴木裕子（2010）「CEFR に即した日本語授業の実践報告及びテキスト作りへの提案」『ヨーロッパ日本語教育』14, 178-185.
鈴木裕子（2015）「スキット（寸劇）を使った異文化コミュニケーション方略の学習プロセス」『ヨーロッパ日本語教育』19, 143-148.
鈴木裕子・中川千恵子（2014）「スペイン語母語話者への音声指導における協働学習とその評価」『ヨーロッパ日本語教育』18, 73-78
鈴木裕子・藤野華子（2012）「CEFR を基にした異文化間学習の実践報告」『ヨーロッパ日本語教育』16, 146-150.
スリーエーネットワーク（編著）（1998）『みんなの日本語　初級Ⅰ本冊 [第 2 版]』スリーエーネットワーク.
CEFR B1 プロジェクト・チーム（2011）『CEFR B1 言語活動・能力を考えるプロジェクト　2010 年度活動報告書』<http://japanologie.arts.kuleuven.be/nl/project-language-activities-and-competences-cefr-b1-level>（2015 年 8 月 12 日）
CEFR B1 プロジェクト・チーム（2012）『CEFR B1 言語活動・能力を考えるプロジェクト　2011 年度活動報告書』<http://japanologie.arts.kuleuven.be/nl/project-language-activities-and-competences-cefr-b1-level>（2015 年 8 月 12 日）
CEFR B1 プロジェクト・チーム（2013）『CEFR B1 言語活動・能力を考えるプロジェクト　2012 年度活動報告書』<http://japanologie.arts.kuleuven.be/nl/project-language-activities-and-competences-cefr-b1-level>（2015 年 8 月 12 日）
CEFR B1 プロジェクト・チーム（2014）『CEFR B1 言語活動・能力を考えるプロジェクト　2013 年度活動報告書』<http://japanologie.arts.kuleuven.be/nl/project-language-activities-and-competences-cefr-b1-level>（2015 年 8 月 12 日）
多言語化現象研究会（編）（2013）『多言語社会日本──その現状と課題──』三元社.
できる日本語教材開発プロジェクト（2011）『できる日本語　初級本冊』アルク.
できる日本語教材開発プロジェクト（2012）『できる日本語　初中級本冊』アルク.

中川千恵子・中村則子（2010）『初級文型でできる　にほんご発音アクティビティ』アスク出版.

中田正弘（2010）「実践過程における教師の学びとリフレクション（省察）の可能性」『帝京大学教職大学院年報』創刊, 13-18.

中村和夫（2004）『ヴィゴツキー心理学：完全読本──「最近接発達の領域」と「内言」の概念を読み解く──』新読書社.

西口光一（編）（2005）『文化と歴史の中の学習と学習者──日本語教育における社会文化的パースペクティブ──（日本語教師のための知識本シリーズ4）』凡人社.

日本語教育学会（編）（2005）『［新版］日本語教育事典』大修館書店.

畑佐由紀子（編）（2003）『第二言語習得研究への招待』くろしお出版.

坂野永理・池田庸子・大野裕・品川恭子・渡嘉敷恭子（2011）『初級日本語　げんきⅡ［第2版］』The Japan Times.

東伴子（2015）「コミュニケーションとしての実務翻訳──関連性理論の観点から活動、評価を考える──」『ヨーロッパ日本語教育』19, 125-130.

東伴子・櫻井直子（2013）「CEFR B1レベルの産出活動におけるモダリティ表現」『ヨーロッパ日本語教育』17, 59-66.

東伴子・櫻井直子（2014）「CEFR B1レベル評価基準の提言──学習者の言語活動データからの考察──」『ヨーロッパ日本語教育』18, 193-198.

福島青史（2010）「CEFR能力記述文のレベル別特徴とキーワード」『ヨーロッパ日本語教育』14, 132-139.

福島青史（2011a）「社会参加のための日本語教育とその課題──EDC、CEFR、日本語能力試験の比較検討から──」『早稲田日本語教育学』10, 1-19.

福島青史（2011b）「「共に生きる」社会のための言語教育──欧州評議会の活動を例として──」『リテラシーズ』8 (pp. 1-9). くろしお出版.

福島青史（2014）「「グローバル市民」の「ことば」の教育とは──接続可能な社会と媒体としての個人──」西山教行・平畑奈美（編）『「グローバル人材」再考──言語と教育から日本の国際化を考える──』(pp. 138-168). くろしお出版.

フランス日本語教師会（編）（2010）『授業がかわる──CEFRと学習者オートノミー──（2009年フランス日本語教師会研修会報告書）』フランス日本語教師会.

細川英雄・西山教行（編）（2010）『複言語・複文化主義とは何か──ヨーロッパの理念・状況から日本における受容・文脈化へ──』くろしお出版.

松尾知明（2015）『21世紀型スキルとは何か──コンピテンシーに基づく教育改革の国際比較──』明石書店.

松尾睦（2006）『経験からの学習──プロフェッショナルへの成長プロセス──』同文

舘出版.

マリア・ガブリエラ・シュミット，長沼君主，ファーガス・オドワイヤー，アレクサンダー・イミック，境一三（編）（2010）『日本と諸外国の言語教育におけるCan-Do評価—ヨーロッパ言語共通参照枠（CEFR）の適用—』朝日出版社.

萬美保・村上史展（編）（2009）『グローバル化社会の日本語教育と日本文化—日本語教育スタンダードと多文化共生リテラシー—』ひつじ書房.

ヨーロッパ日本語教師会・国際交流基金（2005）『日本語教育国別事情調査　ヨーロッパにおける日本語教育と Common European Framework of Reference for Languages』国際交流基金.

吉島茂・大橋理枝他（訳・編）（2004）『外国語教育Ⅱ—外国語の学習、教授、評価のためのヨーロッパ共通参照枠—』朝日出版社.

吉島茂・大橋理枝他（訳・編）（2014）『外国語教育Ⅱ［追補版］—外国語の学習、教授、評価のためのヨーロッパ共通参照枠—』朝日出版社.

ACLES.（2012）*Modelo de acreditación de exámenes de ACLES*. Asociación de Centros de Lenguas en la Enseñanza Superior. <http://www.acles.es>（2015 年 7 月 23 日）

Aden, J., & Weissmann, D.（Ed.）.（2012）*La médiation linguistique: Entre traduction et enseignement des langues vivantes. Études de linguistique appliquée. n°167*. Paris, France: Klincksieck.

Alonso, E.（2012）*Soy profesor/a 1, 2 Aprender a enseñar Los protagonistas y la preparación de clase*. Madrid, Spain: Edelsa.

Bouguignon, C.（2010）*Pour enseigner les langues avec le CECRL, clés et conseils*. Paris, France: Delagrave.

Byram, M., & Parmenter, L.（Ed.）.（2012）*The common European framework of reference: The globalisation of language education policy*. Bristol, UK: Multilingual Matters.

Castelotti, V., & Nishiyama, J. N.（Ed.）.（2011）*Contextualisations du CERC - Le cas de l'Asie du Sud-Est. Le Français dans le monde. R & A n°50*. Paris, France: CLE International.

Cesteros, S. P.（2004）*Aprendizaje de Segundas Lenguas-Lingüística aplicada a la enseñanza de idiomas*. Alicante, Spain: Publicaciones Universidad de Alicante.

Conseil de L'Europe.（2001）*Un cadre Européen commun de référence pour les langus: Apprendre, enseigner, evaluer*. Paris, France: Les Edition Didier.

Consejo de Europa.（2001）*Marco común europeo de referencia para las lenguas: Aprendisaje, enseñanza, evaluación*. Madrid, Spain: MECD/Anaya.

Coste, D.（2009）Tâche, progression, curriculum. *Le Français dans le monde, 45,* 499-

510. Paris, France: CLE International.

Council of Europe. (2001) *Common European framework of reference for languages: Learning, teaching, assessment.* Cambridge, UK: Cambridge University Press.

Dewey, J. (1933) *How we think: A restatement of the relation of reflective thinking to the educative process.* Lexington, MA: D. C. Heath and Company.

Gibbons, P. (2002) *Scaffolding language, scaffolding learning: Teaching second language learners in the mainstream classroom.* Portsmouth, NH: Heinemann.

Glaboniat, M., Müller, M., Rusch, P., Schmitz, H., & Wertenschlag, L. (2005) *Profile deutsch.* München, Germany: Langenscheidt.

Goullier, F. (2007) *Council of Europe tools for language teaching: Common European framework and portfolios.* Paris, France: Didier.

Heringer, H. J. (2012) *Interkulturelle kompetenz: Ein arbeitsbuch mit interaktiver CD und lösungsvorschlägen.* Stuttgart, Germany: UTB GmbH.

Institutos Cervantes. (2012) *Plan curricular del Instituto Cervantes niveles de referencia para el Español.* Madrid, Spain: Institutos Cervantes Biblioteca Nueva.

Koda, K. (2005) *Insights into second language reading A cross-linguistic approach.* Dublin, Ireland: Cambridge Applied Language.

Kolb, D. A. (1984) *Experiential learning: Experience as the source of learning and development.* Upper Saddle River, NJ: Prentice-Hall.

Korthagen, F. A. J., Kessels, J., Koster, B., Lagerwerf, B., & Wubbels, T. (2001) *Linking practice and theory: The pedagogy of realistic teacher education.* Mahwah, NJ: Lawrence Erlbaum Associates, Inc.

Language Policy Division, Council of Europe. (2007) *From linguistic diversity to plurilingual education: Guide for the development of language education policies in Europe.* Strasbourg, France: Council of Europe. <http://www.coe.int/t/dg4/linguistic/Guide_niveau3_EN.asp#TopOfPage>（2015 年 7 月 23 日）

Larrivee, B. (2000) Transforming teaching practice: Becoming the critically reflective teacher. *Reflective Practice, 1*(3), 293-307.

Martyniuk, W. (Ed.). (2010) *Aligning tests with the CEFR: Reflections on using the council of Europe's draft manual.* Cambridge, UK: Cambridge University Press.

Morrow, K. (Ed.). (2004) *Insights from the common European framework.* Oxford, UK: Oxford University Press.

OECD (2005) *The definition and selection of key competencies: Executive summary.* <https://www.oecd.org/pisa/35070367.pdf>（2016 年 5 月 2 日）

O'Mally, J. M., & Chamot, A. U.（1990）*Learning strategies in second language acquisition.* Cambridge, UK: Cambridge University Press.

Oxford, R. L.（1990）*Language learning strategies: What every teacher should know.* Boston, MA: Heinle ELT.

Oxford, R. L.（2011）*Teaching & researching: Language learning strategies.* London, UK: Routledge.

Schön, D. A.（1983）*The reflective practitioner: How professionals think in action.* New York, NY: Basic Books.

Tagliante, Ch.（2005）*L'évaluation et le Cadre Européen commun.* Paris, France: CLE International.

van Ek, J. A., & Trim, J. L. M.（1998）*Threshold 1990.* Cambridge, UK: Cambridge University Press.

van Ek, J. A., & Trim, J. L. M.（1998）*Waystage 1990.* Cambridge, UK: Cambridge University Press.

van Ek, J. A., & Trim, J. L. M.（2001）*Vantage.* Cambridge, UK: Cambridge University Press.

van Dijk, T., & Kintsch, W.（1983）*Strategies of discourse comprehension.* Cambridge, MA: Academic Press.

Vygotski, L. S., & Hanfmann, E.（Ed.）, Vaker, G.（Trans.）.（2012）*Thought and language.* Eastford, CT: Martino Fine Books.

参考 URL

欧州委員会（European Commission）Web サイト <http://ec.europa.eu/index_en.htm>（2015 年 7 月 23 日）

欧州評議会（Council of Europe）Web サイト <http://www.coe.int/en>（2015 年 7 月 23 日）

欧州評議会言語政策ユニット（Language Policy Unit, Council of Europe）Web サイト <http://www.coe.int/t/dg4/linguistic>（2015 年 7 月 23 日）

ケンブリッジ ESOL 試験（University of Cambridge ESOL Examination）<http://www.cambridgeenglish.org/exams>（2015 年 7 月 23 日）

国際交流基金「アニメ・マンガの日本語」<http://anime-manga.jp>（2015 年 7 月 23 日）

スペイン語資格試験（DELE）<http://diplomas.cervantes.es>（2015 年 7 月 23 日）

日本貿易振興機構（JETRO）「英国におけるコンテンツ市場の実態（2011 年）」<http://www.jetro.go.jp/ext_images/jfile/report/07000546/england_jpncontents.pdf>（2015 年 7 月 23 日）

東日本再生ビジョン展「復興の狼煙ポスタープロジェクト」<http://apje.es/index.php/ja/publicacionesmenu-jp?idPublicacion=62>（2015 年 7 月 23 日）

フランス語資格試験（DELF/DALF）<http://www.ciep.fr/delf-dalf>（2015 年 7 月 23 日）

法務省「特定活動 3」<http://www.moj.go.jp/ONLINE/IMMIGRATION/ZAIRYU_NINTEI/zairyu_nintei10_21_03.html>（2015 年 8 月 2 日）

ヨーロッパ現代語センター（European Centre for Modern Languages）Web サイト <http://www.ecml.at>（2015 年 7 月 23 日）

吉島茂・大橋理枝他（訳・編）（2004）『外国語教育 II ——外国語の学習、教授、評価のためのヨーロッパ共通参照枠——』朝日出版社．<http://www.dokkyo.net/~daf-kurs/library/CEFR_juhan.pdf>（2016 年 2 月 7 日）

吉島茂・大橋理枝他（訳・編）（2014）『外国語教育 II［追補版］——外国語の学習、教授、評価のためのヨーロッパ共通参照枠——』朝日出版社．<http://www.goethe.de/resources/files/pdf32/CEFR3Cover.pdf>（2015 年 7 月 23 日）

Association of Language Testers in Europe（ALTE）Web サイト <http://www.alte.org>（2015 年 7 月 23 日）

Council of Europe「CEFR 39 言語バージョン」<http://www.coe.int/t/dg4/linguistic/cadre1_en.asp>（2015 年 7 月 23 日）

Council of Europe. *Common European framework of reference for languages: Learning, teaching, assessment.*［PDF 英語版］<http://www.coe.int/t/dg4/linguistic/Source/Framework_EN.pdf>（2015 年 7 月 23 日）

DIALANG（Diagnostic Language Assessment）Web サイト <http://www.lancaster.ac.uk/researchenterprise/dialang/about>（2015 年 7 月 23 日）

Gouiller, F. *Council of Europe tools for language teaching: Common European framework and portfolios.* <http://www.coe.int/t/dg4/linguistic/Source/Goullier_Outils_EN.pdf>（2015 年 8 月 2 日）

Overall General Ability Web サイト <http://www.ecoglobe.ch/language/e/can-do.htm>（2015 年 7 月 23 日）

索 引

　この索引に挙げた言葉は、CEFRの考え方を説明する際に、キーワードとなるものです。このキーワードの中には、CEFRを表す独自のもの（例：「例示的能力記述文」「課題遂行」）も、一般的な言葉（例：「学校」「日常生活」）も含まれています。上の4つの言葉について、CEFRに関連づけた場合、どのようなアイディアが浮かびますか。

・CEFRに関連するものは本書の中の説明にあります。
　　「例示的能力記述文」 ⇒ Q.23
　　「課題遂行」 ⇒ Q.19
・一般的な言葉は、CEFRの考え方を参照して改めて考えてみましょう。新たな局面が見えてくるかもしれません。
　　「学校」
　　⇒行動中心アプローチの観点からいえば、学習者にとって学びの場は学校だけではなく、生活の場に広がる。その中で学校の役割は何かを再検討する必要がある。
　　「日常生活」
　　⇒学習者の日常生活から課題を抽出することが行動中心アプローチに基づく授業計画といえる。

A
ALTE　5, 55, 74

C
Can Do　7, 54, 55, 63, 74
common reference levels　51
Council of Europe　7, 29

G
global scale　51

I
illustrative descriptors　7

R
reference　4, 5, 73

S
social agent / social agents　39, 41, 56, 86, 122, 129, 155

T
Threshold Level　32

あ
アイデンティティ　5, 23, 145
誤り　46

い

意識（awareness） 57
一般的能力（general competences） 56, 57
異文化 57
異文化接触 24
異文化知識 161
異文化適応能力 16
異文化理解 6
異文化理解教育 138

え

枝分かれ 52, 54

お

欧州評議会（Council of Europe） 5, 28, 30, 31
オーディオ・リンガル法 83

か

ガイドライン 8, 74
概念シラバス 33
書く 61, 62, 146
学習能力（ability to learn） 46, 57, 58
学習目標 80, 81
加算的評価 55
課題（tasks） 41, 44, 127, 133
課題遂行 41, 80, 130
課題遂行能力 41
偏り 18
学校 15, 47
活動領域（domains） 41, 169

カリキュラム 76
漢字 67

き

聞く 61
技能（skills） 57
機能シラバス 33
機能的能力 61
教案 37, 38, 76, 80, 82
教育実践 78
教育制度 30, 33
教育領域（educational domain） 42, 64, 169
教科書 76, 110
教材 73, 134
教室活動 36, 82, 133, 155
教師の役割 86, 115
教授法 7, 73, 82
共通言語 6, 8
共通参照レベル（common reference levels） 51, 53

く

グリッド（grid） 51, 63, 131, 167

け

経験 12, 16, 40, 46, 47, 122, 150, 155
言語運用能力（pragmatic competences） 15, 59, 61
言語教育観 8
言語教育政策 6
言語習得 46

言語使用者　15, 40, 51, 155
言語政策　30
言語政策ユニット（Language Policy Unit）　30
言語知識　37, 39, 43, 67, 155
言語の価値　14, 29
現実的　129, 147

こ

語彙　59
肯定的　54
公的領域（public domain）　42, 64, 169
口頭　62, 154, 155
行動中心　41, 129
行動中心アプローチ（action-oriented approach）　36, 38, 41, 73, 86, 133, 147
コースデザイン　155
コミュニカティブ・アプローチ　37, 83
コミュニケーション言語活動（communicative language activities）　61, 62, 155
コミュニケーション言語能力（communicative language competences）　56, 59
コミュニケーション・ストラテジー　44
コミュニケーション能力　12

さ

産出活動（productive activities）　61, 62, 146, 155, 161
参照（reference）／参照枠　4, 73

し

試験　74
自己評価　75, 85, 117, 125
指針　6
実社会　130
実生活（real-life）　42, 130
実存的能力（existential competence）　57, 58
私的領域（personal domain）　41, 42, 64, 169
社会活動　40, 161
社会言語能力（sociolinguistic competences）　10, 59, 60, 141
社会参加　42, 64, 168
社会的結束　30
社会で行動する者（social agent / social agents）　39, 41, 56, 86, 122, 129, 155
社会文化的能力　16
修正　44
柔軟性　167
主体的　40
受容活動（receptive activities）　9, 61, 62, 128, 138, 161
生涯教育　47
上級　51
条件　66, 142

初級　51
職業領域（occupational domain）
　　42 64, 169
シラバス　155
自律学習　16, 47
自律学習能力　16, 47

す
推測　119, 131
スキーマ　142
スタンダード　5
ストラテジー（strategies）　44, 62,
　　131, 142, 155, 161, 170
スパイラル　66, 113

せ
責任　16, 47
全体的な尺度（global scale）　51,
　　53

そ
相互行為活動（interactive activities）
　　61, 62, 154, 161
相互評価　85
相互理解　6, 28, 30

た
多言語　28, 145
多言語主義　12, 14
多言語能力　13
達成度　85
多文化　28, 145
多様性　5, 18

ち
知識（knowledge）　57, 81, 122,
　　161
仲介活動（mediating activities）
　　61, 62, 160, 161, 167, 168
中級　51

つ
通訳　62, 161

と
到達目標　15
トップダウン　76, 77
トピック　112

な
内省　8, 47, 87
生教材　130

に
ニーズ　115
日常生活　22, 38, 41

は
パターン・プラクティス　83
話し方　21
話す　61, 62, 146
場面　41

ひ
非教条的（non-dogmatic）　7
評価基準　5, 84, 167
評価項目　84
評価方法　84

ビリーフ 8

ふ
フィードバック 125, 126
不均衡性 18
複言語主義（plurilingualism） 9, 12, 14, 15, 30
複言語能力（plurilingual competence） 10, 12, 13, 17, 18, 20, 73
複言語・複文化主義 73, 139
複言語・複文化能力 18, 19, 22, 23, 87, 150
複文化主義（pluriculturalism） 17
複文化能力（pluricultural competence） 17, 18, 20
部分的能力（partial competence） 10, 22
プロセス 73, 74, 76
文化教育 139
文化能力 17, 145
文型習得 80
文法 59
文法訳読法 83
文脈化（contextualization） 73, 74, 76, 110

へ
平和的共存 29

ほ
方言 10, 12, 60
母語 19, 150
母語話者 15, 39

ボトムアップ 76, 77
母文化 57
翻訳 31, 62, 160, 161, 164, 168

ま
間違い（mistakes） 46
マニュアル 6

み
未加工のテキスト 141

め
メタ的 20

も
モニター 115
モニタリング（monitoring） 44
問題提起 6

や
役割 78
やり取り 62, 154

よ
ヨーロッパ言語 2, 3
ヨーロッパ言語ポートフォリオ（ELP） 32
ヨーロッパ市民 28, 30, 31
予備知識 142
読む 61, 128, 138
四技能 9, 22, 61

り
理想的母語話者 15, 22
理念 5, 73, 80, 82, 84

リファレンス（reference） 5, 78

る
類推 21, 133
ルシュリコン（Rüschlikon） 32

れ
例示的能力記述文（illustrative descriptors） 7, 54, 62, 63
レパートリー 19
レベル記述 55

[執筆者一覧]

奥村三菜子（おくむらみなこ）
- 所属　NPO 法人 YYJ・ゆるくてやさしい日本語のなかまたち（日本）
- 専門　日本語教育、継承日本語教育
- 担当　第一部第 1 章、第 3 章、第 4 章、第 5 章、第二部第 1 章❷、第 2 章❸

櫻井直子（さくらいなおこ）
- 所属　ルーヴェン・カトリック大学（ベルギー）
- 専門　言語教育、日本語教育
- 担当　第一部第 1 章、第 2 章、第 3 章、第 4 章、第 5 章、第二部第 2 章❶

鈴木裕子（すずきゆうこ）
- 所属　マドリード・コンプルテンセ大学現代言語センター（CSIM）、マドリード自治大学（スペイン）
- 専門　言語教育、日本語教育
- 担当　第一部第 3 章、第 4 章、第二部第 1 章❶、第 2 章❹、❻

東伴子（ひがしともこ）
- 所属　元グルノーブル・アルプ大学（フランス）
- 専門　言語学、日本語教育
- 担当　第二部第 2 章❺

福島青史（ふくしませいじ）
- 所属　早稲田大学大学院日本語教育研究科（日本）
- 専門　日本語教育、言語政策
- 担当　第二部第 2 章❷

五十音順。所属は 2024 年 10 月現在。